D1329985

LES MEILLEURES CITATIONS

Les hauts et les bas de la vie quotidienne

Les Éditions Goélette inc.

Dépôts Légaux :
Bibliothèque nationale du Québec
Bibliothèque nationale du Canada
Imprimé au Canada

© **Les Éditions Goélette inc.**, 2005
600, boulevard Roland-Therrien
Longueuil, Québec, Canada J4H 3V9
Téléphone : (450) 646-0060
Télécopieur : (450) 646-2070

Recherche : Rudel Médias
Coordonnatrice de la production : Esther Tremblay
Infographie : Jacques Lacoursière
Photo de la couverture : George Cairns

ISBN : 2-922983-29-3

Table des matières

Au quotidien

Seuls les charmes de l'inutile peuvent vous aider à supporter les horreurs de l'indispensable quotidien.

JACQUES STERNBERG

La vie n'est pas la joie. C'est la tension dans l'effort continu ; c'est le labeur physique et le surmenage intellectuel ; c'est l'austère accomplissement du quotidien devoir.

THÉODORE MONOD

Il faut savoir prendre son temps, ralentir, suivre ses instincts et goûter la sensualité au quotidien. C'est l'essence même de la vérité.

CALVIN KLEIN

Bien des gens acceptent de faire de grandes choses. Peu se contentent de faire de petites choses au quotidien.

MÈRE TERESA

Si votre quotidien vous paraît pauvre, ne l'accusez pas. Accusez-vous vous-même de ne pas être assez poète pour appeler à vous ses richesses.

RAINER MARIA RILKE

Vivre, c'est se réveiller la nuit dans l'impatience du jour à venir, c'est s'émerveiller de ce que le miracle quotidien se reproduise pour nous une fois encore, c'est avoir des insomnies de joie.

PAUL-ÉMILE VICTOR

La vie est faite de ces petits bonheurs quotidiens dont on se lasse, dont il faut être privé pour apprécier la valeur...

RENÉ OUVRARD

Il faut se ménager des haltes dans le quotidien pour descendre en soi, ou plutôt pour se hisser à soi.

JEAN-MARIE POIRIER

Les femmes, c'est le quotidien mis au premier plan : d'où la peur qu'il faut avoir des femmes.

CHARLES-FERDINAND RAMUZ

L'art lave notre âme de la poussière du quotidien.

PABLO PICASSO

Mariage

L'amour est aveugle, mais le mariage lui rend la vue.

GEORG CHRISTOPH LICHTENBERG

Ne va pas à la chasse sans ton arc, à l'office sans les textes sacrés, ni au mariage sans ta chance.

PROVERBE CHINOIS

Pourquoi perdre son temps à vouloir contredire son épouse? Il est beaucoup plus simple d'attendre qu'elle ait changé d'avis.

JEAN ANOUILH

Il y a deux ans que je n'ai pas parlé à ma femme; c'était pour ne pas l'interrompre.

JULES RENARD

Le mariage est le tombeau de la femme, le principe de toute servitude féminine.

CHARLES FOURIER

Que d'époux ne sont séparés que par le mariage !

ALFRED CAPUS

Plus une femme aime son mari, plus elle corrige de ses défauts ; plus un mari aime sa femme, plus il augmente ses travers.

PROVERBE CHINOIS

On peut toujours vivre avec sa femme quand on a autre chose à faire.

ALEXANDRE DUMAS (FILS)

Les liens de la gourmandise retiennent plus que tous les autres et l'on prend souvent un mari à l'appât d'une bonne table.

ROBERT J. COURTINE

La gourmandise, quand elle est partagée, a l'influence la plus marquée sur le bonheur qu'on peut trouver dans l'union conjugale.

ANTHELME BRILLAT-SAVARIN

Le mariage, au rebours de la fièvre, commence par le chaud et finit par le froid.

G. C. LICHTENBERG

Il reste à savoir si le mariage est un des sept sacrements ou un des sept péchés capitaux.

J. DRYDEN

Ceux qui sont mariés sont nombreux et ceux qui se repentent de s'être mariés ne le sont pas moins.

PROVERBE ESPAGNOL

Ayez vos yeux bien ouverts avant de vous marier, et mi-clos quand vous serez mariés.

BENJAMIN FRANKLIN

Pour faire un bon mariage, il faut que le mari soit sourd et la femme aveugle.

RICHARD TAVERNER

Quand un homme et une femme sont mariés, ils ne deviennent plus qu'un ; la première difficulté est de décider lequel.

H. L. MENCKEN

Le couple heureux qui se reconnaît dans l'amour défie l'univers et le temps ; il se suffit, il réalise l'absolu.

SIMONE DE BEAUVOIR

Si tes amants t'ennuient, marie-toi, cela leur donnera du piquant.

JEAN ANOUILH

Si les maris pouvaient laisser leurs femmes avoir un ou deux amants pour leur permettre de comparer, il y aurait beaucoup plus de femmes fidèles.

GEORGES FEYDEAU

N'est-elle pas plus morale, l'union libre de deux amants qui s'aiment, que l'union légitime de deux êtres sans amour ?

GEORGES FEYDEAU

Il y a une solitude, même entre mari et femme, un gouffre ; et cela, on doit le respecter.

Virginia Woolf

Deux époux doivent se garder de se quereller quand ils ne s'aiment plus assez pour les réconciliations.

Jean Rostand

Le mariage, c'est comme un long voyage en mer pendant lequel il faut être suffisamment habile pour passer le cap dans la tempête. L'idéal est d'arriver, poussé par le bon vent, dans la baie de tranquillité.

Nadine de Rothschild

Un bon mari ne se souvient jamais de l'âge de sa femme, mais de son anniversaire, toujours.

Jacques Audiberti

Pourquoi n'aimerait-on pas sa femme? On aime bien celle des autres.

ALEXANDRE DUMAS

❧

Amants agneaux deviennent maris loups.

ISAAC DE BENSERADE

❧

Les maris des femmes qui nous plaisent sont toujours des imbéciles!

GEORGES FEYDEAU

❧

Quand ma femme prend un amant, je trouve inadmissible qu'un monsieur, qu'elle connaît à peine, soit informé de ma disgrâce avant moi.

SACHA GUITRY

❧

La chaîne du mariage est si lourde qu'il faut se mettre à deux pour la porter, quelquefois trois.

ALEXANDRE DUMAS

Dieu a inventé le concubinage. Satan, le mariage.

FRANCIS PICABIA

Vénus, belle et accueillante, était la déesse de l'amour. Junon, terrible mégère, celle du mariage. Elles ont toujours été ennemies jurées.

JONATHAN SWIFT

Ne pouvant supprimer l'amour, l'Église a voulu au moins le désinfecter et elle a fait le mariage.

CHARLES BAUDELAIRE

Quand une femme engage un détective privé pour suivre son mari, c'est d'abord pour savoir ce que les autres femmes peuvent bien lui trouver.

LÉO J. BURKE

N'oubliez jamais qu'il est aussi facile d'épouser une femme riche qu'une pauvre.

WILLIAM THACKERAY

Dans tous les cas, mariez-vous. Si vous tombez sur une bonne épouse, vous serez heureux ; et si vous tombez sur une mauvaise, vous deviendrez philosophe, ce qui est excellent pour l'homme.

SOCRATE

Le prix d'un amour réussi est toujours insoupçonnable.

PIERRE DEHAYE

Un mariage heureux est une longue conversation qui semble toujours trop brève.

ANDRÉ MAUROIS

Le mariage est la traduction en prose du poème de l'amour.

ALFRED BOUGEARD

L'amour conjugal, qui persiste à travers mille vicissitudes, me paraît être le plus beau des miracles, quoi qu'il en soit le plus commun.

FRANÇOIS MAURIAC

Une femme toute de blanc vêtue ne sera jamais trop belle.

JANE AUSTEN

Quand on aime le jour de son mariage, on aime pour la vie.

JOSEPH LALLIER

L'amour, c'est de la physique, le mariage, c'est de la chimie.

ALEXANDRE DUMAS (FILS)

Les mariages sont écrits dans le ciel.

PROVERBE FRANÇAIS

Souvent, pour deux époux, l'art d'être heureux, c'est l'indulgence.

BARTHÉLÉMY IMBERT

Le bonheur est promis à ceux sur qui le soleil luit le jour de leur mariage.

JOSEPH LALLIER

Puissent les dieux te donner un mari, un foyer et la grâce de la paix, car il n'y a rien de plus grand et de meilleur que cela.

HOMÈRE

Le mariage, c'est l'art pour deux personnes de vivre ensemble aussi heureuses qu'elles auraient vécu chacune de leur côté.

GEORGES FEYDEAU

Le mariage est comme le tiret en imprimerie : il sépare et relie.

JEAN-PAUL RICHTER

Dans le mariage, on peut tenir sans amour, mais jamais sans affection.

DELIA EPHRON

Le mariage des esprits est plus grand que celui des corps.

ÉRASME

Faites semblant, pendant tout votre mariage, de ne pas encore être mariés et tout ira bien...

CARL JONAS LOVE ALMQVIST

Chaque chose pour un temps, mais le mariage pour la vie et Dieu pour l'éternité.

PROVERBE SLOVAQUE

Certaines fiançailles se terminent bien, mais,dans la plupart des cas, les deux parties se marient.

SALLY POPLIN

Les mariages d'aujourd'hui ont la durée des fiançailles d'autrefois.

ALAIN SCHIFRES

Un moment nous avons vécu côte à côte. Puis nous fûmes dos à dos. À présent nous sommes face à face.

SACHA GUITRY

Sept enfants ne parviennent pas à retenir un mari, mais beaucoup de sagesse le peut.

PROVERBE MALGACHE

Un bon mariage serait celui où l'on oublierait le jour qu'on est amant, la nuit qu'on est époux.

JEAN ROSTAND

Il n'y a pas de mauvais mariage, il n'y a que de mauvais époux.

RACHILDE

Un mariage risque d'être une erreur, hélas, productive.

SACHA GUITRY

Épouser une femme qu'on aime et qui vous aime, c'est parier avec elle à qui cessera le premier d'aimer.

ALFRED CAPUS

Le mariage est une des plus importantes actions de la vie, mais c'est peut-être celle de toutes où l'on examine le moins les convenances.

BOCCACE

Pourquoi, sur les photos des nouveaux époux, prises le jour de leur mariage, la femme a-t-elle toujours un air de triomphe?

JEAN CAZALET

Vous savez ce que ça veut dire de rentrer chez soi le soir auprès d'une petite femme qui vous comble d'amour, de tendresse, d'affection? Ça veut dire que vous vous êtes trompé de maison.

HENRY YOUNGMAN

Il n'y a rien de tel au monde que l'amour d'une femme mariée. C'est une chose dont aucun mari ne se rendra jamais compte.

OSCAR WILDE

Toutes les femmes devraient se marier, mais non pas l'homme.

DISRAELI

Lorsqu'on couche longtemps avec une femme mariée, il y a toujours un moment où l'on est pour le mari.

DRIEU LA ROCHELLE

Beaucoup de divorces sont nés d'un malentendu. Beaucoup de mariages aussi.

TRISTAN BERNARD

Si heureuse que soit une femme avec son mari, elle apprend toujours avec plaisir qu'un autre homme souhaiterait qu'elle ne le soit pas.

HENRY L. MENCKEN

Le droit, le devoir d'un homme qui n'aime plus sa femme, c'est de courir en aimer une autre, immédiatement, afin que sur ce triste monde, il ne se perde pas une parcelle de joie.

JULES RENARD

Les maris se choisissent les yeux ouverts et les amants les yeux fermés.

HENRI JEANSON

Je suis vieux jeu. Je ne crois pas aux relations extra-conjugales. Je pense que les gens devraient s'accoupler pour la vie, comme les pigeons et les catholiques.

WOODY ALLEN

Le moyen le plus populaire pour une femme de n'avoir pas à travailler, de nos jours, est encore un mari qui a de l'argent.

JOEY ADAMS

On dit beaucoup trop de mal des maris. Sans maris, pas d'adultère. Sans maris, pas de veuves, de ménages à trois, d'amants, de cocus, de flagrants délits. Sans maris, c'est toute la triste liberté de l'amour sans contrainte, la mort du roman, la fin du théâtre de boulevard. On dit beaucoup trop de mal des maris.

CHESTER ANTHONY

Être mariée, c'est trembler que la côtelette de Monsieur soit trop cuite, l'eau minérale pas assez froide, la chemise empesée, le faux col trop mou, le bain brûlant ; c'est assumer le rôle épuisant d'intermédiaire-tampon entre Monsieur et le reste de l'humanité.

COLETTE

Un bon mariage serait celui d'une femme aveugle et d'un homme sourd.

MONTAIGNE

Je suis pour l'indissolubilité du mariage. C'est le seul moyen de ne pas faire l'imbécile deux fois.

JEAN ANOUILH

Souvent la différence entre un bon mariage et un mariage raté ne tient qu'à deux ou trois choses qu'on dit chaque jour ou qu'on ne dit pas.

HARLON MILLER

Le grand secret du mariage réussi, c'est de traiter toujours les catastrophes comme des incidents, et jamais les incidents comme des catastrophes,

HAROLD NICHOLSON

Ce qui est grave dans un ménage, c'est quand l'un des deux époux aime l'autre et que l'autre ne l'aime pas. Mais s'ils ne s'aiment ni l'un ni l'autre, ils peuvent très bien être heureux.

ALFRED CAPUS

Je me flatte d'avoir toujours le dernier mot dans mon ménage et ce mot est généralement oui.

JULES RENARD

Un optimiste est celui qui croit que le mariage est un pari.

LAURENCE J. PETER

Le mariage est une patience qui peut devenir une réussite.

ALBERT WILLEMETZ

La raison des divorces, c'est quelquefois les déjeuners du mari avec sa secrétaire, mais plus souvent ses petits déjeuners avec sa femme.

A.P. HERBERT

En mariage souvent, l'amour passe et le mari reste.

ALFRED CAPUS

Un deuxième mariage : le triomphe de l'amour sur l'expérience.

SACHA GUITRY

Le mariage est un repas dont le potage est meilleur que le dessert.

AUSTIN O'MALLEY

Le mariage est comme le restaurant : à peine est-on servi qu'on regarde ce qu'il y a dans l'assiette du voisin.

SACHA GUITRY

Je ne peux pas me marier. Je suis trop riche pour ça.

EDDIE MURPHY

Nous marier ? Des gens qui s'aiment !

MARIVAUX

L'amour plaît plus que le mariage pour la raison que les romans sont plus amusants que l'histoire.

CHAMFORT

Tout homme marié sait pourquoi on donne des prénoms féminins aux typhons.

ART BUCHWALD

Une alliance ne protège qu'un seul doigt.

GROUCHO MARX

Être marié! Ça, ça doit être terrible! Je me suis toujours demandé ce qu'on pouvait bien faire avec une femme en dehors de l'amour.

SACHA GUITRY

L'amour du prochain consiste à ne pas s'attacher à son conjoint actuel, mais à aimer déjà le suivant!

VINCENT ROCA

Le propre d'une épouse avisée est de démontrer, la vie durant, à son mari, qu'il est trop bête pour elle et trop intelligent pour son salaire.

FRÉDÉRIC DARD

Les femmes des uns font le bonheur des autres.

GUSTAVE FLAUBERT

Les mariages se font au ciel et se consomment sur la terre.

ANTOINE LOISEL

Le lit est tout le mariage.

HONORÉ DE BALZAC

Le mariage est une greffe : ça prend bien ou mal.

VICTOR HUGO

Les veufs pleurent le plaisir qu'ils avaient à tromper leur femme.

ROBERT DE MONTESQUIOU

Le mariage est et restera le voyage de découverte le plus important que l'homme puisse entreprendre.

SÖREN KIERKEGAARD

Le mariage est le sacrement de la Justice, le mystère vivant de l'harmonie universelle, la forme donnée par la nature même à la religion du genre humain.

PROUDHON

Si tous les ménages qui sont malheureux avaient une clochette au cou on ne s'entendrait pas parler.

LAURETTE MORIN

J'ai un copain qui a fait un mariage d'amour. Il a épousé une femme riche. Il aimait l'argent.

COLUCHE

Quand nous nous marions, c'est pour trouver dans notre femme ce que nous avons inutilement demandé aux femmes des autres.

ALEXANDRE DUMAS (FILS)

La seule atmosphère favorable au créateur est celle de la naissance de l'amour. Le mariage ou toute relation permanente avec une femme est la mort d'un grand artiste.

ANDRÉ MAUROIS

Qui femme prend liberté vend.

PROVERBE ITALIEN

Le mariage n'est plus ce qu'il était. Quand je rencontre un homme, la question que je me pose c'est : « est-ce que c'est avec lui que j'ai envie que nos enfants passent un week-end sur deux ? »

RITA RUDNER

Je me suis marié une fois à l'église, deux fois à la mairie et les autres fois à la sauvette.

JOSÉ ARTUR

Celui qui se marie pour de l'argent le gagne.

ALFRED CAPUS

Il y a deux sortes de mariage : le mariage blanc et le mariage multicolore parce que chacun des deux conjoints en voit de toutes les couleurs.

GEORGES COURTELINE

J'ai trente ans, et six ans de mariage cela fait trente-six.

SACHA GUITRY

Quand on a vingt ans de plus qu'une femme, c'est elle qui vous épouse.

SACHA GUITRY

Les amoureux rêvent, les époux sont réveillés.

ALEXANDER POPE

Ma femme est jeune. J'ai toute sa vie devant moi.

FRÉDÉRIC DARD

La vie après la mort est aussi peu plausible que le sexe après le mariage.

MADELEINE KAHN

La bigamie, c'est avoir une femme de trop. La monogamie aussi.

JOHN HEYWOOD

Le mari idéal, c'est celui qui rentre tôt, fait les courses, la vaisselle et s'occupe des enfants. On en conclut que le mari idéal, c'est la femme !

BRUNO GACCIO

Je suis allé à Lourdes avec ma femme. Il n'y a pas eu de miracle. Je suis revenu avec.

SEYMOUR BRUSSELS

Le mariage, c'est quand une femme demande à un homme de retirer son pyjama pour le mettre dans la corbeille de linge sale.

ALBERT FINNEY

Bonne épouse et santé sont les meilleures richesses d'un homme.

PROVERBE INDIEN

Faites comme moi, épousez un archéologue. C'est le seul homme qui vous regardera avec de plus en plus d'intérêt à mesure que passeront les années.

AGATHA CHRISTIE

Le secret de la longévité de notre couple? Une fois par semaine, dîner aux chandelles, musique douce, etc. Elle le mardi, moi le vendredi.

HENRI YOUNGMAN

Ma femme m'a converti à la religion. Je n'avais jamais cru à l'enfer avant d'être avec elle.

HALL ROACH

Combien j'ai eu de maris ? En comptant le mien ?

ZSA ZSA GABOR

On ne devrait tromper sa femme que quand elle est jolie. Sans ça, on doit avoir l'impression que les filles vous accordent ça pour vous consoler.

BORIS VIAN

Le métier de mari n'est si difficile que parce qu'il n'a pas de vacances. Créez des week-ends conjugaux et tout ira bien.

MAURICE DRUON

Pour vivre ensemble, il faut une brassée d'amour et une pincée d'humour.

MGR ROGER ETCHEGARAY

Avez-vous remarqué que dans un escalier, si l'on monte, on a l'état d'âme des amoureux ; si l'on descend, celui des gens mariés...

Pierre Lièvre

J'ai avoué la vérité à ma femme : que je voyais un psychanalyste. Elle aussi m'a alors avoué la vérité : qu'elle voyait un psychiatre, deux plombiers et un barman.

Rodney Dangerfield

Certains couples restent ensemble parce que, s'ils se quittaient, cela ne changerait rien à leur vie.

Georges Wolinski

Le même âge dans un couple, c'est un écart qui ne se rattrape pas.

Jean Poiret

Quand on s'est connus, ma femme et moi, on était tellement timides tous les deux qu'on n'osait pas se regarder ! Maintenant, on ne peut plus se voir !

RAYMOND DEVOS

Celui qui est passionnément amoureux devient inévitablement aveugle aux défauts de l'objet aimé, bien qu'en général il recouvre la vue huit jours après le mariage.

EMMANUEL KANT

Si vous voulez que votre femme écoute ce que vous dites, dites-le à une autre.

ROBERT DE FLERS

Que d'amoureux qui s'appelaient de doux noms d'oiseaux se volent dans les plumes une fois mariés.

JEAN DELACOUR

Je n'ai pas besoin de me marier. J'ai trois animaux à la maison qui remplissent le même rôle qu'un mari. J'ai un chien qui grogne le matin, un perroquet qui jure l'après-midi et un chat qui rentre tard dans la nuit.

MARIE CORELLI

Lorsqu'il pleut le jour des noces, bientôt les époux se rossent.

DICTON FRANÇAIS

Vingt années d'aventures font tomber une femme en ruine ; vingt années de mariage font d'elle une sorte de monument public.

OSCAR WILDE

Si ma femme doit être veuve un jour, j'aime mieux que ce soit de mon vivant.

GEORGES COURTELINE

Le mariage est une vaste et double aventure
dont bien peu ont sondé les profondeurs.

W.C. Fields

Les curés sont consolés de ne pas être mariés,
quand ils entendent les femmes se confesser.

Armand Salacrou

Nous savons, pour ce qui est du genre
humain, que la communion des deux fleuves
de sang de l'homme et de la femme, dans le
sacrement du mariage, parachève la création : elle complète le rayonnement du soleil
et le rutilement des étoiles.

D. H. Lawrence

Le mariage, tel qu'il existe aujourd'hui, est le
plus odieux de tous les mensonges, la forme
suprême de l'égoïsme.

Léon Tolstoï

Des hommes ont l'air de ne s'être mariés que pour empêcher leurs femmes de se marier avec d'autres.

JULES RENARD

Quatre-vingt pour cent des hommes mariés sont infidèles aux États-Unis. Les autres sont infidèles à l'étranger.

JACKIE MASON

Il faudrait inscrire à l'intérieur de toutes les alliances des mariés «soyez gentil». C'est la règle d'or du mariage et le secret pour qu'un amour dure des années.

J. H. RANDOLPH RAY

Soyons aussi distants que si nous avions été mariés pendant longtemps et aussi bien élevés que si nous n'étions pas mariés du tout.

WILLIAM CONGREVE

Quand les gens mariés font deux lits, ils ne sont pas éloignés d'en faire trois.

GEORGES DE PORTO-RICHE

La seule joie des gens mariés, c'est d'assister au mariage des autres... une joie diabolique !

RAMON GOMEZ DE LA SERNA

Dans l'amitié, ménage une petite place pour la brouille ; et dans la brouille, une autre pour la réconciliation.

PROVERBE JUIF

Pour être heureux en ménage, il faut être ou homme de génie marié à une femme tendre et spirituelle, ou se trouver, par l'effet d'un hasard, tous les deux excessivement bêtes.

HONORÉ DE BALZAC

Il y a des ménages qui sont musiciens à leur façon : ils jouent du triangle.

ANDRÉ BIRABEAU

Il n'y a pas d'église sans sermons, ni de ménage sans querelles.

PROVERBE TCHÈQUE

L'ordre et l'égalité sont louables en toutes choses ; mais particulièrement dans les affaires du ménage.

PROVERBE ORIENTAL

Qu'est-ce qu'une scène de ménage ? C'est le triomphe de la femme.

MICHEL TOURNIER

Adultère : pour ne pas rester à deux, se mettre en quatre pour faire ménage à trois.

DECOLY

Le meilleur ménage est celui où la femme gouverne sans le vouloir et où l'homme est gouverné sans que les tiers s'en aperçoivent.

LOUIS TEISSIER DU CROS

C'est un ménage à quatre : lui, elle, l'idée qu'elle se fait de lui et l'idée qu'il a d'elle.

CLAUDE ROY

Les femmes rentrent volontiers dans leur ménage aux approches de la quarantaine ; c'est l'âge où les hommes en sortent.

HENRY BECQUE

Celle qui ménage un amant se ménage mal elle-même.

PLAUTE

Un ménage n'est plus un ménage lorsque c'est le chien qui apporte les pantoufles et la femme qui aboie.

HENRY BERNSTEIN

Avec ta mère jusqu'au rivage ; avec ton époux, à travers l'océan.

PROVERBE ALBANAIS

Un homme heureux en ménage dégage toujours une sorte d'aura qui le rend encore plus séduisant auprès des autres femmes.

BERNARD WERBER

Deux vieux époux ne se détestent jamais complètement.

FRANÇOIS MAURIAC

Il est impossible à deux époux de vivre d'accord en ne se cédant jamais rien.

FRANÇOISE DE MOTTEVILLE

Quelle joie y a-t-il pour l'époux quand il vit avec son épouse comme avec son esclave et non comme une femme libre?

SAINT JEAN CHRYSOSTOME

Quand deux époux sont du même avis, c'est toujours la femme qui l'a la première.

PAUL MORAND

Le mariage est une cérémonie où un anneau est passé au doigt de l'épouse et un autre au nez de l'époux.

HERBERT SPENCER

Entre époux, pas de querelle qui ne résiste à la nuit.

PROVERBE CHINOIS

Nous faisons chambre à part, nous allons dîner chacun de notre côté, nous prenons nos vacances séparément; nous faisons tout ce que nous pouvons pour sauvegarder notre mariage.

RODNEY DANGERFIELD

Deux époux doivent se garder de se quereller quand ils ne s'aiment plus assez pour les réconciliations.

JEAN ROSTAND

Il ne faut pas se regarder trop en face, entre époux, si l'on veut éviter des découvertes.

JEAN GIRAUDOUX

Quand les draps ne sont pas froissés, les époux ne tardent pas à l'être.

PROVERBE FRANÇAIS

Il n'y a pas d'église sans sermons, ni de ménage sans querelles.

Proverbe tchèque

Avec cette vente qu'on appelle la dot et ce tyran qu'on appelle l'époux, l'adultère n'est autre chose qu'une protestation de la première et de la plus sainte des libertés, la liberté d'aimer, contre l'esclavage de la femme et le despotisme du mariage.

Victor Hugo

Je me console d'être femme en songeant que, de la sorte, je n'en épouserai jamais une.

Lady Elizabeth Robinson Montagu

Souvent deux époux se haïssent d'autant plus qu'ils ne se trahissent pas.

Jean Rostand

Couple

Dans un couple, il ne suffit pas de parler, encore faut-il s'entendre.

JEAN-PAUL DUBOIS

On mesure le bonheur d'un couple à leurs photos, et les photos se prennent pendant les vacances ; sans les photos de vacances, on ne pourrait jamais prouver qu'on a été heureux.

DAVID FOENKINOS

La vie de couple repose sur un leurre, une agression. Il s'agit pour chacun des deux comparses de prendre possession de l'autre, de relever un défi : «Comment le changer ? Comment le faire devenir moi ?»

TAHAR BEN JELLOUN

La vie de couple, c'est devenu de la gestion d'entreprise ; on veut qu'il y ait de l'amour dedans et je me demande si ce n'est pas une pièce qui vient d'un autre puzzle.

FRANCIS DANNEMARK

L'homme se souvient du passé, la femme pressent l'avenir ; le couple voit le présent.

MAXIME DU CAMP

Si un couple marié mettait un centime dans un pot chaque fois qu'ils faisaient l'amour la première année, et puis retiraient un centime pour chaque fois après ça, ils ne parviendraient jamais à épuiser tous les centimes amassés.

ARMISTEAD MAUPIN

Un couple qui réussit est un peu plus qu'un homme plus une femme. C'est un équilibre et un mouvement un peu mystérieux.

FRANÇOIS NOURISSIER

Dans un couple il n'y a qu'une chose pire que le mensonge, c'est la franchise.

MICHEL BERTHET

Deux personnes pour faire un couple heureux, ce n'est pas assez.

LÉO CAMPION

Pour bâtir un couple, il faut être quatre : un homme plus sa part de féminité, une femme plus sa part de virilité.

BERNARD WERBER

L'impossibilité fondamentale, quasi organique, de penser à une séparation est pour un couple la véritable ancre de miséricorde et peut-être la seule.

PAUL GUIMARD

L'avenir d'un couple est creux. C'est une duperie qui engendre l'accoutumance et la dépendance.

JEAN-CLAUDE CLARI

Dans un couple, l'un au moins doit être fidèle, de préférence l'autre.

MARCEL ACHARD

Chacun a besoin que l'autre ait besoin de lui. Dans un couple, trahir l'autre, c'est se trahir soi-même.

PIERRE DEHAYE

Dans un couple, peut-être que l'important n'est pas de vouloir rendre l'autre heureux; c'est de se rendre heureux et d'offrir ce bonheur à l'autre.

JACQUES SALOMÉ

Le couple est une réunion de deux personnes qui font rarement la paire.

ADRIEN DECOURCELLE

Le bonheur à deux, ça dure le temps de compter jusqu'à trois.

SACHA GUITRY

Quand je vois tous ces couples fidèles je me dis que tout le monde peut se tromper.

ROLAND BACRI

En amour, on est tout d'abord un grand quotidien, puis un petit hebdomadaire et l'on finit mensuel, quand toutefois le tirage n'est pas complètement épuisé.

GRANCHER

Le couple heureux qui se reconnaît dans l'amour défie l'univers et le temps ; il se suffit, il réalise l'absolu.

SIMONE DE BEAUVOIR

Former un couple c'est n'être qu'un ; mais lequel ?

PROVERBE ANGLAIS

Célibat

La vie à un est une vie en deux. Les célibataires passent du rire aux larmes, de l'apparence impeccable au style débraillé, de l'activisme au repli fœtal.

JEAN-CLAUDE KAUFFMANN

La meilleure preuve que les célibataires connaissent beaucoup mieux les enfants (et les femmes) que les pères de famille, c'est qu'ils ne se marient pas.

PIERRE DANINOS

Célibataire : accro au sexe ou à Internet. Sinon : divorcé.

LUC FAYARD

Ce que c'est que d'être célibataire ; on ne veille sur le sommeil de personne.

DENIS GUEDJ

Noël est une conspiration pour bien faire sentir aux célibataires qu'ils sont seuls.

ARMISTEAD MAUPIN

Si lors d'une soirée, une seule personne doit repartir célibataire, alors ce sera vous.

LOI DE MURPHY

Le célibataire aura toujours cette grande infériorité qu'il ne connaît, de toute une moitié de l'humanité, qu'un aspect romanesque ou critique.

ANDRÉ MAUROIS

Le célibataire est celui qui prend le mariage très au sérieux.

MICHEL DÉON

Un célibataire est quelqu'un qui, chaque matin, arrive au travail d'une direction différente.

SHOLEM ALEICHEM

L'amertume d'un amour déchu est la nourriture préférée des célibataires.

JEAN-PHILIPPE FROSSARD

Comme la possession d'animaux sauvages est interdite par la loi, et que je n'ai aucun plaisir aux animaux domestiques, je préfère rester célibataire.

KARL KRAUS

Le lit d'un célibataire est le plus confortable.

CICÉRON

L'homme idéal à la recherche de la femme idéale : le meilleur moyen de rester célibataire !

DOMINIQUE BLONDEAU

Les hommes n'ont que ce qu'ils méritent. Les autres sont célibataires !

SACHA GUITRY

Les poètes célibataires sont une peste publique ; ils troublent, sans le savoir et le vouloir, tous les cœurs féminins sans emploi.

HENRI-FRÉDÉRIC AMIEL

L'adultère demande une telle liberté d'esprit, un égoïsme si candide et un manque de scrupules si total qu'il ne peut raisonnablement être conseillé qu'aux célibataires.

JACQUES FAIZANT

Le célibataire est un homme qui a réussi à ne pas trouver une femme.

ANDRÉ PRÉVOT

Se servir d'une seule âme pour être deux.

PAUL CLAUDEL

Cette chose plus compliquée et plus confon-
dante que l'harmonie des sphères : un couple.

JULIEN GRACQ

Il n'y a jamais eu de créature. Il n'y a jamais
eu que le couple.

JEAN GIRAUDOUX

Mariage vs célibat

La question du mariage et du célibat n'est que la question de savoir s'il vaut mieux être endommagé d'une façon que de l'autre.

SAMUEL BUTLER

Si l'on savait, avant, qui l'on épouse, tout le monde serait célibataire !

HENRI JEANSON

Le célibat? On s'ennuie. Le mariage? On a des ennuis.

SACHA GUITRY

Le mariage et le célibat ont tous deux des inconvénients ; il faut préférer celui dont les inconvénients ne sont pas sans remède.

CHAMFORT

Le mariage occasionne de multiples douleurs, mais le célibat n'offre aucun plaisir.

SAMUEL JOHNSON

Le mariage peut être un lac orageux, mais le célibat est presque toujours un abreuvoir boueux.

THOMAS LOVE PEACOCK

- Je cherche un mari...
- Tu ferais mieux de chercher un célibataire.

YVES MIRANDE

Les gens mariés vieillissent plus vite que les
célibataires ; c'est l'histoire de la goutte d'eau
qui, tombant sans relâche à la même place,
finit par creuser le granit le plus dur.

ALPHONSE ALLAIS

Qui est plus libre : le célibataire qui vit en dic-
tature, ou l'homme marié, en démocratie ?

GEORGES ELGOZY

L'avantage d'être célibataire, c'est que, lorsqu'on se trouve devant une très jolie femme, on n'a pas à se chagriner d'en avoir une laide chez soi.

PAUL LÉAUTAUD

Ce qui intrigue le plus les gens mariés, c'est de savoir ce que les célibataires peuvent bien faire de leur argent.

JEAN RIGAUX

Les femmes se divisent en deux catégories : les célibataires, qui ne rêvent que mariage ; les mariées, qui ne rêvent que divorce.

GEORGES ELGOZY

Les célibataires en savent plus long sur le mariage que les hommes mariés. Sans quoi, ils ne seraient pas restés célibataires.

ROBERT ROCCA

Le célibataire vit comme un roi et meurt comme un chien, alors que l'homme marié vit comme un chien et meurt comme un roi.

JEAN ANOUILH

Célibataire, un paon ; fiancé, un lion ; marié, un âne.

PROVERBE ESPAGNOL

En me mariant, je ne pourrais rendre heureuse qu'une seule femme ; en restant célibataire, des centaines.

FREDERICK LONSDALE

Je suis content de m'être enfin marié. J'ai été célibataire longtemps et j'en avais marre de terminer moi-même mes phrases !

BRIAN KILLEY

Un célibataire n'a pas la valeur qu'il atteint dans le mariage. Il ressemble à la moitié dépareillée d'une paire de ciseaux.

BENJAMIN FRANKLIN

Les hommes célibataires devraient être plus lourdement taxés que les hommes mariés. Ce n'est pas juste que des hommes soient plus heureux que d'autres.

OSCAR WILDE

L'avantage du célibataire sur l'homme marié, c'est qu'il peut toujours cesser de l'être s'il trouve qu'il s'est trompé.

ALPHONSE KARR

Ne jamais faire confiance à un mari quand il est loin, ni à un célibataire quand il est près.

HELEN ROWLAND

La plupart des ménages sont composés de célibataires mariés.

SAN-ANTONIO

Hommes et femmes

On ne doit jamais donner d'ordre à une femme que lorsqu'on est bien sûr d'avance d'être obéi.

ALFRED CAPUS

Les femmes sont tellement menteuses, qu'on ne peut même pas croire le contraire de ce qu'elles disent.

GEORGES COURTELINE

Le silence est la seule chose en or que les femmes détestent.

MARY WILSON LITTLE

L'homme ne cesse pas d'être un enfant même à l'âge adulte et il a besoin de la certitude que la compagne choisie ne lui réserve pas seulement l'amour d'une épouse, mais aussi un peu de cet amour maternel que toute femme porte en elle.

LENA ALLEN-SHORE

Nous ne pouvons être que d'un seul sexe et ne pouvons que fabuler les plaisirs et les désirs de l'autre sexe. C'est pour cela que les hommes et les femmes ne se comprennent jamais.

FRANÇOISE DOLTO

Si l'homme a été créé avant la femme, c'était pour lui permettre de placer quelques mots !

JULES RENARD

Les femmes acceptent aisément les idées nouvelles, car elles sont ignorantes ; elles les répandent facilement, parce qu'elles sont légères ; elles les soutiennent longtemps, parce qu'elles sont têtues.

MIRABEAU

Les femmes et les montres ne sont jamais à l'heure qu'on voudrait.

PAUL-JEAN TOULET

C'est par les robes décolletées que s'évapore peu à peu la pudeur des femmes.

ALEXANDRE DUMAS

C'est une erreur de penser que les femmes ne peuvent pas garder un secret. Elles peuvent. À plusieurs.

SACHA GUITRY

Les femmes sont héroïques pour souffrir dans le monde, leur champ de bataille.

ALPHONSE DAUDET

Pour savoir jusqu'où va la cruauté de ces charmants êtres que nos passions grandissent tant, il faut voir les femmes entre elles.

HONORÉ DE BALZAC

J'ai toujours été étonné qu'on laissât les femmes entrer dans les églises. Quelle conversation peuvent-elles tenir avec Dieu ?

CHARLES BAUDELAIRE

Le temps serait venu de faire valoir les idées de la femme aux dépens de celles de l'homme, dont la faillite se consomme assez tumultueusement aujourd'hui.

ANDRÉ BRETON

De la femme vient la lumière.

LOUIS ARAGON

Depuis la création du monde il n'y a eu qu'une entente sacrée : la connivence des femmes.

JEAN GIRAUDOUX

On met la femme au singulier quand on a du bien à en dire, et on en parle au pluriel sitôt qu'elle vous a fait quelque méchanceté.

SACHA GUITRY

Ce génie particulier de la femme, qui comprend l'homme mieux que l'homme ne se comprend.

VICTOR HUGO

Il y a une foule de sottises que l'homme ne fait pas par paresse et une foule de folies que la femme fait par désœuvrement.

VICTOR HUGO

Les hommes et les femmes conviennent rarement sur le mérite d'une femme : leurs intérêts sont trop différents.

LA BRUYÈRE

Le goût du sacrifice que chaque femme porte en soi-même, comme une fleur prête à fleurir [...]

PIERRE MAC ORLAN

Appelons la femme un bel animal sans fourrure dont la peau est très recherchée.

JULES RENARD

Pour les femmes, le meilleur argument qu'elles puissent invoquer en leur faveur, c'est qu'on ne peut pas s'en passer.

PIERRE REVERDY

Il y a des vies de femmes qui ne sont qu'une suite de larmes, et dont l'existence, en fin de compte, est une réussite.

ARMAND SALACROU

Descends d'un degré pour choisir une femme ;
monte d'un degré pour choisir un ami.

LE TALMUD

✿

Les femmes ressemblent aux girouettes : elles
se fixent quand elles se rouillent.

VOLTAIRE

✿

Émanciper la femme, c'est excellent ; mais il
faudrait avant tout lui enseigner l'usage de la
liberté.

ÉMILE ZOLA

✿

Partout où l'homme a dégradé la femme, il
s'est dégradé lui-même.

CHARLES FOURIER

Trop souvent, l'histoire des faiblesses des femmes est aussi l'histoire des lâchetés des hommes.

VICTOR HUGO

Elle flotte, elle hésite : en un mot, elle est femme.

JEAN RACINE

Une femme doit toujours avouer son âge quand il lui va bien.

FRÉDÉRIC DARD

Une femme intelligente est une femme avec laquelle on peut être aussi bête que l'on veut.

PAUL VALÉRY

La femme est une table bien servie qu'on voit d'un œil tout différent avant et après le repas.

Claude-Hadrien Helvetius

Les jambes permettent aux hommes de marcher et aux femmes de faire leur chemin.

Alphonse Allais

La dernière chose qui vieillit chez une femme, c'est son âge.

Docteur Aminado

C'est nous qui faisons des femmes ce qu'elles valent ; voilà pourquoi elles ne valent rien.

Mirabeau

On serait trop malheureux si, auprès des femmes, on se souvenait le moins du monde de ce qu'on sait par cœur.

C<small>HAMFORT</small>

Cœur des femmes, abîme insondable !

A<small>LEXANDRE</small> P<small>OTHEY</small>

Une femme a toujours, en vérité, la situation qu'elle impose par l'illusion qu'elle sait produire.

G<small>UY DE</small> M<small>AUPASSANT</small>

On a appris aux hommes à s'excuser de leur faiblesse ; aux femmes, de leur force.

L<small>OIS</small> W<small>YSE</small>

Les compliments sont des bonbons dont les femmes raffolent toute leur vie ; jeunes, pour les croquer à pleines dents ; vieilles, pour les faire fondre doucement entre leurs dents.

A<small>UGUSTE</small> R<small>ODIN</small>

En marchant, les femmes peuvent tout montrer, mais ne rien laisser voir.

HONORÉ DE BALZAC

Les femmes nous inspirent le désir de réaliser des chefs-d'œuvre et nous empêchent toujours de les mener à bien.

OSCAR WILDE

Les femmes sont fausses dans les pays où les hommes sont tyrans. Partout la violence produit la ruse.

HENRI BERNARDIN DE SAINT-PIERRE

La femme la plus compliquée est plus près de la nature que l'homme le plus simple.

RÉMY DE GOURMONT

La femme sera toujours le danger de tous les paradis.

PAUL CLAUDEL

Les femmes seront vraiment les égales des hommes le jour où une femme sera nommée à un poste pour lequel elle n'a absolument aucune compétence.

FRANÇOISE GIROUD

Il n'y a que deux belles choses au monde : les femmes et les roses, et que deux bons morceaux : les femmes et les melons.

HENRI MALHERBE

Les femmes n'ont de bon que ce qu'elles ont de meilleur.

CHAMFORT

Je hais les femmes parce qu'elles savent toujours où sont les choses.

JAMES THURBER

Les femmes, sitôt qu'elles sont trois, sont deux contre une.

PAUL LÉAUTAUD

Parlez à un homme de lui-même, il vous écoutera pendant des heures.

DISRAELI

Elle est comme les autres femmes. Elle croit que deux et deux feront cinq si elle pleure assez longtemps et fait assez d'histoires.

GEORGE ELIOT

La femme est un homme raté. Plus l'homme est raté, plus la femme est réussie.

DOCTEUR BESANÇON

Une femme met quarante-cinq ans pour arriver à la trentaine.

OSCAR WILDE

Il y a trois choses que les femmes sont capables de réaliser avec rien : un chapeau, une salade et une scène de ménage.

MARK TWAIN

Pour l'homme, le mensonge est un outil ; pour la femme, une parure.

FRÉDÉRIC DARD

Il faut se méfier des femmes qui ne se croient pas irrésistibles : elles font un complexe et c'est beaucoup plus redoutable que les simagrées des pimbêches.

FRÉDÉRIC DARD

Les faiblesses des hommes font la force des femmes.

Voltaire

Un homme a toujours deux caractères : le sien et celui que sa femme lui prête.

Albert Camus

L'homme a un instinct sadique, et la femme un instinct masochiste, lesquels sont inconscients, donc incontrôlables.

Sigmund Freud

Le seul moment où une femme réussit à changer un homme, c'est quand il est bébé.

Natalie Wood

La femme est un animal à cheveux longs et à idées courtes.

Arthur Schopenhauer

Quoi qu'elle fasse, la femme doit le faire deux fois mieux que l'homme pour qu'on en pense autant de bien. Heureusement, ce n'est pas difficile.

CHARLOTTE WHITTON

Les femmes seront les égales des hommes le jour où elles accepteront d'être chauves et de trouver ça distingué.

COLUCHE

Toutes les femmes aiment beaucoup les esprits qui habitent dans de jeunes corps et les âmes qui ont de beaux yeux.

JOSEPH JOUBERT

La force des femmes n'est pas dans ce qu'elles disent, mais dans le nombre de fois qu'elles le disent.

MARCEL ACHARD

Il faut faire très attention aux femmes. C'est encore plus traître que l'alcool.

MICHEL GALABRU

∽

Il n'y a pas de femme laides, que des femmes qui s'ignorent.

HELENA RUBINSTEIN

∽

Qu'est-ce que c'est une femme ? Pour la définir il faudrait la connaître ; nous pouvons aujourd'hui en commencer la définition, mais je soutiens qu'on n'en verra le bout qu'à la fin du monde.

MARIVAUX

∽

Quand un homme s'ennuie, il a besoin d'être stimulé.Quand une femme s'ennuie, elle a besoin d'être retenue.

ÉTIENNE REY

La plupart des femmes sont si artificielles qu'elles n'ont aucun sens de l'art. La plupart des hommes sont si naturels qu'ils n'ont aucun sens du beau.

OSCAR WILDE

Amour, tendresse, douceurs, tels sont les éléments principaux dont Dieu a formé l'âme de la femme ; aimer, guérir, consoler, telle est sa destination sur terre.

HENRI CONSCIENCE

Entre le vice et la vertu, pour bien des hommes politiques comme pour bien des femmes, il n'y a que l'épaisseur d'une combinaison.

FRANC-NOHAIN

L'homme c'est bien malaisé à définir. Admettons que ça reste un enfant. Gentil et câlin à ses heures, mais plein de vices.

GEORGES BERNANOS

Une bonne affaire : acheter toutes les femmes au prix qu'elles valent et les revendre au prix qu'elles s'estiment.

Jules Renard

Idéal de la femme : être servie dans les petites choses, et servir dans les grandes.

Henry de Montherlant

Le malheur ennoblit les femmes, tandis que le bonheur les rend bêtes et égoïstes. Il y a au fond d'une femme riche et aimée une béatitude imbécile.

Henri Duvernois

Une femme est un petit animal doux et malin, moitié caprice et moitié sagesse. C'est un composé harmonique où l'on trouve souvent des dissonances qui en font le charme.

Ghislaine Schoeller

La langue d'une femme est son épée : elle se garde de la laisser se rouiller.

PROVERBE CHINOIS

Beaucoup d'hommes sont avec les femmes comme avec les intempéries : il suffit du moindre beau jour pour leur faire oublier les pires.

ALFRED CAPUS

Dans le pardon de la femme, il y a de la vertu ; mais dans celui de l'homme, il y a du vice.

ALFRED CAPUS

Si une femme est jolie, ne lui dites pas qu'elle est jolie, parce qu'elle le sait ; dites-lui qu'elle est intelligente, parce qu'elle l'espère.

ALFRED CAPUS

Il y a une foule de sottises que l'homme ne fait pas par paresse et une foule de folies que la femme fait par désœuvrement.

Victor Hugo

Partout où l'homme a dégradé la femme, il s'est dégradé lui-même.

Charles Fourier

La femme est plus généreuse que l'homme, et elle ne s'attache pas seulement, comme celui-ci, à la beauté extérieure.

Pirandello

Parents et enfants

Il arrive un moment, dans la vie intérieure des familles, où les enfants deviennent, soit volontairement, soit involontairement, les juges de leurs parents.

HONORÉ DE BALZAC

À quoi sert la vie si les enfants n'en font pas plus que leurs pères ?

GUSTAVE COURBET

Un réveil d'enfants, c'est une ouverture de fleurs.

VICTOR HUGO

Le problème des enfants c'est toujours le même : ils ont toujours des parents beaucoup plus vieux qu'eux.

COLUCHE

Dieu n'aurait pu être partout et, par consé-
quent, il créa les mères.

PROVERBE JUIF

Il est bien malheureux que les hommes et les
femmes oublient qu'ils ont été des enfants.
Les parents sont capables d'être des étran-
gers pour leurs fils et leurs filles.

G. W. CURTIS

Avoir des enfants c'est une calamité ; ne pas
en avoir, c'est une malédiction.

ANÉMONE

Il est si beau, l'enfant, avec son doux sourire,
Sa douce bonne foi, sa voix qui veut tout dire.
Ses pleurs vite apaisés.

VICTOR HUGO

Si l'on veut s'approcher des enfants, il faut parfois devenir enfant soi-même.

NEMCOVA BOZENA

Il vaut mieux être chassé d'entre les hommes que d'être détesté des enfants.

RICHARD HENRY DANA

Si les enfants devenaient ce qu'en attendent ceux qui leur ont donné la vie, il n'y aurait que des dieux sur la terre.

ACHILLE POINCELOT

La pire colère d'un père contre son fils est plus tendre que le plus tendre amour d'un fils pour son père.

HENRY DE MONTHERLANT

Des enfants ? Je préfère en commencer cent que d'en finir un.

PAULINE BONAPARTE

D'ordinaire, ceux qui gouvernent les enfants ne leur pardonnent rien et se pardonnent tout à eux-mêmes.

FÉNELON

Un fils est un créancier donné par la nature.

STENDHAL

Un des plus clairs effets de la présence d'un enfant dans un ménage est de rendre complètement idiots de braves gens qui sans lui n'auraient été que de simples imbéciles.

GEORGES COURTELINE

J'ai vu beaucoup plus d'hommes ruinés par le désir d'avoir une femme et des enfants que par l'alcool et la débauche.

WILLIAM BUTLER YEATS

Nous pouvons apprendre beaucoup de choses des enfants, par exemple jusqu'où va notre patience.

FRANKLIN P. JONES

Les enfants ont seuls cet art de mentir qui vous oblige à croire ce qu'ils affirment.

PAUL MICHAUD

La première moitié de notre vie est gâchée par nos parents et la seconde par nos enfants.

CLARENCE DARROW

Pour une mère, un enfant a beau grandir, il s'arrête toujours à la hauteur du cœur.

VICTOR HUGO

Les enfants commencent par aimer leurs parents ; devenus grands, ils les jugent ; quelquefois, ils leur pardonnent.

OSCAR WILDE

Perdre l'un de ses parents peut être regardé comme un malheur. Perdre les deux ressemble à de la négligence.

OSCAR WILDE

C'est à l'amour maternel que la nature a confié la conservation de tous les êtres ; et pour assurer aux mères leur récompense, elle l'a mise dans les plaisirs, et même dans les peines attachées à ce délicieux sentiment.

CHAMFORT

L'amour maternel est si merveilleux qu'on ose à peine en parler : devant le tabernacle, le plus grand silence est la plus grande admiration.

Camille Schneider

La mère sait aimer : c'est toute sa science.

Millevoye

Ce n'est vraiment pas une bonne idée de laisser les enfants seuls éloignés de chez eux parce qu'ils comprennent très vite qu'ils n'ont pas besoin de leurs parents.

Groucho Marx

Il faut faire des enfants quand on est vieux, parce qu'on les emmerde pas longtemps.

Jean Yanne

Si vos parents n'ont pas eu d'enfant, il y a de bonnes chances que vous n'en ayez pas non plus.

CLARENCE DAY

Les mamans, ça pardonne toujours ; c'est venu au monde pour ça.

ALEXANDRE DUMAS

L'amour maternel est le plus éminent des sentiments égoïstes, ou, pour dire autrement, le plus énergique des sentiments altruistes.

ALAIN

Pour leurs parents, les enfants sont de belles fleurs d'hiver ; ils leur font oublier le chagrin, ils sont les guides, les béquilles, les soutiens de leur père ; par eux la vieillesse refleurit.

JEAN FISCHART

Un enfant n'a jamais les parents dont il rêve. Seuls les enfants sans parents ont des parents de rêve.

Boris Cyrulnik

Les enfants grandissent, même sans parents.

Proverbe japonais

Avoir des enfants ne fait pas plus de vous des parents qu'avoir un piano ne fait de vous un pianiste.

Michael Levine

Les parents sont des os sur lesquels les enfants font leurs dents.

Peter Ustinov

Il nous faut faire ce que commandent nos parents.

PLAUTE

Il n'est qu'un être véritablement intéressant qui mérite que l'on vienne toujours sans cesse, sans restriction, à son secours parce qu'il peut être toujours malheureux sans jamais avoir été coupable, c'est l'enfant.

ALEXANDRE DUMAS

Il est plus facile d'élever la voix que d'élever ses enfants.

MARC FAVREAU

L'enfant à qui ses parents n'ont pas souri n'est digne ni de la table d'un dieu, ni du lit d'une déesse.

VIRGILE

La grossièreté et l'incivilité engendrent la discorde, même entre les parents.

PROVERBE ORIENTAL

L'enfance est le trou noir où l'on a été précipité par ses parents et d'où l'on doit sortir sans aucune aide. Mais la plupart des gens n'arrivent pas à sortir de ce trou qu'est l'enfance, toute leur vie ils y sont, n'en sortent pas et sont amers.

THOMAS BERNHARD

Le père et la mère doivent tout à l'enfant. L'enfant ne leur doit rien.

JULES RENARD

Rappelle-toi que ton fils n'est pas ton fils, mais le fils de son temps.

CONFUCIUS

L'amour maternel est le plus éminent des sentiments égoïstes, ou, pour dire autrement, le plus énergique des sentiments altruistes.

ALAIN

Avec l'amour maternel, la vie vous fait à l'aube une promesse qu'elle ne tient jamais.

ROMAIN GARY

L'amour est profondément égoïste, tandis que la maternité tend à multiplier nos sentiments.

HONORÉ DE BALZAC

Le rêve du héros, c'est d'être grand partout et petit chez son père.

VICTOR HUGO

Un père a deux vies : la sienne et celle de son fils.

JULES RENARD

Un cœur de père est le chef-d'œuvre de la nature.

ABBÉ PRÉVOST

Notre cœur s'emplit de tant de plaisir devant la beauté et le bonheur des enfants qu'il en devient trop grand pour tenir dans notre corps.

RALPH WALDO EMERSON

Si j'étais né avant mon père, j'aurais pu être le sien.

JEAN LOUIS AUGUSTE COMMERSON

Le cœur d'un père s'agrandit avec chaque enfant.

JEAN BASILE BEZROUDNOFF

La fête des pères est comme la fête des mères, sauf pour le cadeau, qui coûte moins cher.

GEORGES HERBERT

Les enfants, petits, rendent leurs parents stupides. Grands, ils les rendent fous.

PROVERBE ANGLAIS

Sage est le père qui connaît son enfant.

WILLIAM SHAKESPEARE

Un homme n'est jamais si grand que lorsqu'il est à genoux pour aider un enfant.

PYTHAGORE

Peut-être même dans le fameux amour maternel y a-t-il une bonne part de curiosité.

FRIEDRICH NIETZSCHE

Certains croient que le génie est héréditaire. Les autres n'ont pas d'enfants.

MARCEL ACHARD

L'enfance. Cette heureuse et brève période de l'existence où l'on a tout juste assez de conscience pour savourer la joie d'être et d'inconscience pour ignorer les difficultés de la vie.

ANDRÉ DUVAL

Les enfants n'ont ni passé ni avenir, et, ce qui ne nous arrive guère, ils jouissent du présent.

JEAN DE LA BRUYÈRE

Il arrive un moment, dans la vie intérieure des familles, où les enfants deviennent, soit volontairement, soit involontairement, les juges de leurs parents.

HONORÉ DE BALZAC

À quoi sert la vie si les enfants n'en font pas plus que leurs pères ?

GUSTAVE COURBET

Le respect est une barrière qui protège autant un père et une mère que les enfants, en évitant à ceux-là des chagrins, à ceux-ci des remords.

HONORÉ DE BALZAC

Nos jeunes aiment le luxe, ont de mauvaises manières, se moquent de l'autorité et n'ont aucun respect pour l'âge. À notre époque, les enfants sont des tyrans.

Socrate

Vivre la naissance d'un enfant est notre chance la plus accessible de saisir le sens du mot miracle.

Paul Carvel

À la naissance d'un enfant, si sa mère demandait à sa bonne fée de le doter du cadeau le plus utile pour lui, ce cadeau serait la curiosité.

Eleanor Roosevelt

Je ne l'aime pas parce qu'il est gentil mais parce que c'est mon enfant.

Rabindranath Tagore

La seule chose qui vaille la peine d'être volée, c'est un baiser à un enfant endormi.

JOE HOULDSWORTH

Quand on a donné la vie à un enfant, on est devant lui comme un débiteur devant son créancier.

ÉMILE FABRE

Il n'y a pas de loi plus belle que d'obéir à un père.

SOPHOCLE

Une mère devient une véritable grand-mère le jour où elle ne remarque plus les erreurs de ses enfants, étant émerveillée par ses petits-enfants.

LOIS WYSE

À l'oreille de tous les enfants, «maman» est un mot magique.

ARLENE BENEDICT

Le père et la mère doivent tout à l'enfant. L'enfant ne leur doit rien.

JULES RENARD

Aliénant et culpabilisant pour les femmes, le mythe de l'instinct maternel se révèle ravageur pour les enfants, et en particulier pour les fils.

ÉLISABETH BADINTER

Cet âge où l'on quitte l'enfance et où l'on se mesure au monde est l'un des moments les plus extraordinaires de la vie. Le second, c'est quand on a des enfants soi-même. Après, tout le reste, ce sont des souvenirs.

J.M.G. LE CLÉZIO

Aimer un bébé est un cercle sans fin. Plus on l'aime, plus on reçoit et plus on a envie de l'aimer.

PENELOPE LEACH

Regardez une femme enceinte : vous croyez qu'elle traverse la rue ou qu'elle travaille ou même qu'elle vous parle. C'est faux. Elle pense à son bébé.

ANNA GAVALDA

Dans les bras de sa mère, tout bébé est beau.

ERNO OSVÀT

Un bébé est une façon pour Dieu de dire que le monde doit continuer.

DORIS SMITH

Les seules vacances de l'homme sont les neuf mois qu'il passe dans le sein maternel.

San-Antonio

Un bon père de famille doit être partout. Dernier couché, premier debout.

Proverbe français

Les bébés ont besoin de communication pour survivre. Le lait et le sommeil ne suffisent pas. La communication est aussi un élément indispensable à la vie.

Bernard Werber

Avec l'amour maternel, la vie nous a fait à l'aube une promesse qu'elle ne tient jamais.

Romain Gary

L'espoir est le seul refuge de l'instinct maternel.

Lao She

Derrière le bébé, il n'y a pas seulement les neuf mois de conception d'un individu, mais les millions d'années de l'espèce !

HENRI PIÉRON

L'amour maternel est le seul bonheur qui dépasse tout ce qu'on espérait.

SOPHIE GAY

De tous les amours, l'amour maternel est le plus harmonieux. C'est le parfait équilibre de soi-même en autrui.

JACQUELINE MABIT

À la montée du lait commence l'amour maternel.

ANDRÉ GIDE

Une chose peu remarquée, la plus déchirante peut-être au cœur maternel, c'est que l'enfant est injuste.

JULES MICHELET

Il y a dans le sentiment maternel je ne sais quelle immensité qui permet de ne rien enlever aux autres affections.

Honoré de Balzac

L'instinct maternel est divinement animal. La mère n'est plus femme, elle est femelle.

Victor Hugo

Qui n'a pas d'enfants n'a pas de lumière dans les yeux.

Proverbe persan

L'amour maternel est infiniment complexe et imparfait. Loin d'être un instinct, il faut plutôt un petit miracle pour que cet amour soit tel qu'on nous le décrit.

Élisabeth Badinter

Rien n'est moins raisonnable que de vouloir que les enfants le soient.

MADAME DE MAINTENON

L'amour d'un père est plus haut que la montagne. L'amour d'une mère est plus profond que l'océan.

PROVERBE JAPONAIS

Une mère connaît les recettes, celles qui nourrissent, celles qui font grandir.

PAM BROWN

L'amour de ma mère pour moi était si grand que j'ai travaillé dur pour le justifier.

MARC CHAGALL

Mère est le nom pour Dieu sur les lèvres et dans les cœurs des petits enfants.

WILLIAM THACKERAY

La beauté des mères dépasse infiniment la gloire de la nature.

CHRISTIAN BOBIN

Trop de bonté dans les parents cause la perte des enfants.

CHARLES PERRAULT

L'enfant reconnaît sa mère à son sourire.

VIRGILE

Il n'y a aucune recette pour devenir une mère parfaite, mais il y a mille et une façons d'être une bonne mère.

JILL CHURCHILL

Si la théorie de l'évolution est vraie, comment se fait-il que les mères de famille n'aient toujours que deux mains ?

É. DUSSAULT

Étrange chose que d'être mère ! Ils ont beau nous faire du mal, nous n'avons pas de haine pour nos enfants.

SOPHOCLE

L'enfant reconnaît sa mère à son sourire.

VIRGILE

Toutes les mères sont impossibles, qu'elles aiment trop ou qu'elles n'aiment pas assez. Il n'y a pas en la matière de juste mesure.

CHRISTIAN BOBIN

Une chemise de toile cousue par sa mère est chaude, une chemise de laine cousue par une étrangère est froide.

PROVERBE FINNOIS

Si vous voulez rendre vos enfants meilleurs, donnez-leur l'occasion d'entendre tout le bien que vous en dites à autrui.

HAIM GINOTT

Nous passons les douze premiers mois à apprendre à nos enfants à marcher et parler et les douze suivants à s'asseoir et se taire.

PHYLLIS DILLER

Ce ne serait pas la peine d'avoir des enfants si leurs petites têtes et leurs petites mains n'étaient pas toujours avec leurs sourires et leurs caresses au milieu de notre esprit et au milieu de notre cœur.

HERVÉ BIRON

La femme n'allaite pas l'enfant, mais la destinée.

PAAVO HAAVIKKO

Éducation
des enfants

Vous ne parviendrez jamais à faire des sages si vous ne faites d'abord des polissons.

JEAN-JACQUES ROUSSEAU

Tout ce qu'on apprend à l'enfant, on l'empêche de l'inventer ou de le découvrir.

JEAN PIAGET

Le père qui n'enseigne pas ses devoirs à son fils est autant coupable que ce dernier s'il les néglige.

CONFUCIUS

Les enfants ont plus besoin de modèles que de critiques.

JOSEPH JOUBERT

N'oublions pas que les enfants suivent les exemples mieux qu'ils n'écoutent les conseils.

ROY L. SMITH

Comment se fait-il que, les enfants étant si intelligents, la plupart des hommes soient si bêtes? Ça doit tenir à l'éducation.

ALEXANDRE DUMAS

Le meilleur aboutissement de l'éducation est la tolérance.

HELEN KELLER

Mieux vaut transmettre un art à son fils que de lui léguer mille pièces d'or.

PROVERBE CHINOIS

Un père vaut plus qu'une centaine de maîtres d'école.

GEORGE HERBERT

C'est très curieux : ce sont toujours les célibataires qui vous donnent des conseils pour élever des enfants.

PAUL CLAUDEL

Dans la maison du marin les enfants savent nager.

PROVERBE CHINOIS

Avant de me marier, j'avais six théories sur la façon d'élever un enfant, maintenant, j'ai six enfants et plus aucune théorie.

JOHN WILMOT

On ne peut donner que deux choses à ses enfants : des racines et des ailes.

PROVERBE JUIF

Ce que l'on apprend durant l'enfance est mieux gravé que dans la pierre.

PROVERBE CHINOIS

Un père, lorsqu'il transmet, a le souffle éternel. Les lumières s'incarnent dans ses yeux. Lorsqu'il parle à son enfant, la flamme de l'Histoire ne s'éteint pas, mais s'allume et l'anime.

ÉLIETTE ABÉCASSIS

La science, c'est ce que le père enseigne à son fils. La technologie, c'est ce que le fils enseigne à son papa.

MICHEL SERRES

Vos enfants : vous pouvez vous efforcer d'être comme eux, mais ne tentez pas de les faire comme vous.

KHALIL GIBRAN

Le secret de la réussite avec un enfant, c'est de ne pas être ses parents.

LOUIS LATZARUS

L'éducation peut tout : elle fait danser les ours.

LEIBNIZ

Nous nous efforçons de donner à nos enfants tout ce qui nous a manqué dans notre jeunesse et nous négligeons de leur donner ce dont nous avons bénéficié.

JAMES DOBSON

Dès m'avoir appris à parler, mes parents m'ont appris à me taire.

PROVERBE SIOUX

L'encre d'un écolier est plus sacrée que le sang d'un martyr.

MAHOMET

Garde-toi de donner par force aux enfants l'aliment des études, mais que se soit en le mêlant à leurs jeux, afin d'être encore plus capable d'apercevoir quelles sont les inclinations naturelles de chacun.

PLATON

Les racines de l'éducation sont amères, mais ses fruits sont doux.

ARISTOTE

Hérédité

Rien de tel que vos petits-enfants pour vous redonner foi en l'hérédité.

DOUG LARSON

L'hérédité est comme une diligence dans laquelle tous nos ancêtres voyageraient. De temps en temps, l'un d'eux met la tête à la portière et vient nous causer toutes sortes d'ennuis.

OLIVER WENDELL HOLMES

La mort n'est qu'un déplacement d'individualités. L'hérédité fait circuler les mêmes âmes à travers la suite des générations d'une même race.

GUSTAVE LE BON

L'hérédité, c'est ce à quoi croit un homme jusqu'à ce que son fils devienne un délinquant.

HENRI LOUIS MENCKEN

La filiation, c'est une notion de sentiments plus que de gènes.

JEAN GASTALDI

Dans le vaste laboratoire de la génétique, l'être humain a perdu sa définition.

ANDRÉ FROSSARD

À travers tous les trafics, manipulations ou transmutations génétiques de l'espèce, on est arrivé à un point de non-retour où l'on ne peut plus déterminer ce qui est humain ou non humain.

JEAN BAUDRILLARD

Famille

« Où est-on mieux qu'au sein de sa famille ?
-Partout ailleurs. »

ANDRÉ BRETON

∞

Un frère est un ami donné par la nature.

GABRIEL LEGOUVÉ

∞

Si les grands-parents et les petits-enfants
s'entendent si bien... c'est parce qu'ils ont un
ennemi en commun : la mère !

CLAUDETTE COLBERT

∞

Les familles heureuses se ressemblent toutes ; les familles malheureuses sont malheureuses chacune à sa façon.

LÉON TOLSTOÏ

∞

Avoir sa belle-mère en province quand on de-
meure à Paris, et vice versa, est une de ces bonnes fortunes qui se rencontrent toujours trop
rarement.

HONORÉ DE BALZAC

Les bonnes familles sont pires que les autres.

ANTHONY HOPE

Les frères sont comme les membres d'un même corps, tandis que le conjoint n'est qu'un vêtement dont on peut se séparer.

PROVERBE VIETNAMIEN

Que personne ne se hâte de voir le jour où tous ses parents et leurs familles feront un éloge.

PROVERBE AFRICAIN

La famille est un milieu où le minimum de plaisir avec le maximum de gêne font ménage ensemble.

PAUL VALÉRY

Nul ami tel qu'un frère ; nul ennemi comme un frère.

PROVERBE INDIEN

J'ai été aimé des quatre femmes dont il m'importait le plus d'être aimé, ma mère, ma sœur, ma femme et ma fille.

ERNEST RENAN

Qui va à l'église avec son beau-frère finira tout seul sa prière.

PROVERBE ESPAGNOL

Donne ton amour à ta femme, mais ton secret à ta mère ou à ta sœur.

PROVERBE GAÉLIQUE

La famille est un milieu où le minimum de plaisir avec le maximum de gêne font ménage ensemble.

PAUL VALÉRY

Les repas de famille ne consistent pas à se manger entre parents.

JULES JOUY

À table !

Partager un repas avec quelqu'un est un acte intime qui ne devrait pas être pris à la légère.

M.F.K. FISHER

Un bon repas adoucit l'esprit et régénère le corps. De son abondance découle une bienveillance chaleureuse.

FREDERICK W. HACKWOOD

Prendre ses repas seul tend à rendre un homme froid et dur.

WALTER BENJAMIN

Celui qui reçoit ses amis et ne donne aucun soin personnel au repas qui leur est préparé n'est pas digne d'avoir des amis.

ANTHELME BRILLAT-SAVARIN

Un repas, aussi frugal soit-il, est un instant de rencontre. Il peut être une occasion de joie et de communion, unissant profondément les gens.

ÉLISE BOULDING

Le monde appartient à ceux qui n'ont pas d'heure fixe pour les repas.

ANNE JULES DE NOAILLES

Depuis que nous avons la télévision à la maison, nous prenons nos repas tous du même côté de la table, comme dans la Cène de Léonard de Vinci.

MARCEL PAGNOL

Un bébé change les conversations de vos dîners. Vous ne parlez plus politique, vous parlez couches !

MAURICE JOHNSTONE

Il n'est pas d'amour durable, pas d'harmonie possible, dans un intérieur où d'ordinaire le déjeuner est une faillite et le dîner une banqueroute.

CLÉMENT VAUTEL

Un bon dîner réconcilie tout le monde.

SAMUEL PEPYS

Quand on a renoncé à tous les plaisirs de la vie, il reste encore celui de se lever de table après un dîner ennuyeux.

PAUL CLAUDEL

Après un bon dîner, on n'en veut plus à personne, même pas à sa propre famille.

OSCAR WILDE

Tâches ménagères

Toute femme ayant le choix entre un emploi à l'extérieur et le ménage est folle à lier si elle ne se jette pas sur l'emploi.

GROUCHO MARX

Je déteste faire le ménage. Vous faites le lit, la vaisselle et six mois après, tout est à recommencer.

JOAN RIVERS

La lune de miel est finie quand le mari cesse d'aider sa femme à faire la vaisselle et qu'il la fait tout seul.

ROBERT ROCCA

Tous les matins, j'apporte à ma femme le café au lit... Elle n'a plus qu'à le moudre !

PIERRE DORIS

Entre ma femme et moi le partage des tâches ménagères est équitable, c'est moi qui les fait, c'est elle qui les nettoie.

PHILIPPE GELUCK

La véritable ménagère est à la fois une esclave et une dame.

PROVERBE SERBO-CROATE

Je suis pour le partage des tâches ménagères. À la maison, par exemple, c'est moi qui passe l'aspirateur... à ma femme.

PHILIPPE GELUCK

Même la meilleure des ménagères ne peut pas, si elle n'a pas de riz, préparer son repas.

PROVERBE CHINOIS

Le secret du bonheur spirituel est de ne pas faire la vaisselle pour que la vaisselle soit faite mais pour faire la vaisselle.

HELEN FIELDING

Un homme c'est quelqu'un qui a une recette miraculeuse, délicieuse, super géniale qui comporte un tas énorme de vaisselle sale.

ODILE DORMEUIL

L'homme s'est montré particulièrement astucieux en refilant le travail ménager à la femelle. Ce n'est pas que le travail soit dur mais que c'est monotone et ennuyeux !

GROUCHO MARX

S'informer, c'est se retrancher, n'importe quel père de famille vous le dira, à l'heure de la vaisselle. Le quotidien qui informe nous préserve de celui qui encombre.

DANIEL PENNAC

Nettoyer une maison pleine d'enfants est aussi efficace que de dégager une allée à la pelle pendant une tempête de neige.

PHYLLIS DILLER

Les épouses ont leur place dans une maison. Elles sont irremplaçables pour faire des enfants, et aussi pour vous tenir au courant quand la voisine a une nouvelle voiture.

GROUCHO MARX

L'univers n'est jamais qu'une idée fugitive dans l'esprit de Dieu - pensée joliment inquiétante, pour peu que vous veniez d'acheter une maison à crédit.

WOODY ALLEN

L'homme et la femme ne s'entendent si mal que parce qu'ils habitent la même maison.

ALEXANDRE VIALATTE

Le nombre d'hôtes à table est la bénédiction
de la maison.

PROVERBE ORIENTAL

Une maison sans femme est aussi vide qu'un
écrin sans bijoux.

CHARLIE CHAPLIN

Vacances
et loisirs

Un jour de loisirs, c'est un jour d'immortalité.

PROVERBE CHINOIS

Les vacances : des loisirs qui se répètent.

JEAN ADRIAN

La farniente est une merveilleuse occupation. Dommage qu'il faille y renoncer pendant les vacances, l'essentiel étant alors de faire quelque chose.

PIERRE DANINOS

Rien n'use plus promptement que les vacances, quand elles se prolongent.

JEAN-CHRISTOPHE RUFIN

La meilleure condition de travail, c'est les vacances.

Jean-Marie Gourio

Les vacances, c'est la période qui permet aux employés de se souvenir que les affaires peuvent continuer sans eux.

Earl Joseph Wilson

Les mères de famille sont les seuls travailleurs qui n'ont jamais de vacances.

Anne Morrow Lindbergh

Si on faisait tout ce que l'on doit vraiment faire avant de partir en vacances, elles seraient terminées sans même avoir commencé.

Beryl Pfizer

Être en vacances, c'est n'avoir rien à faire et avoir toute la journée pour le faire.

Robert Orben

Les vacances, c'est tout un travail de repos très difficile.

Vincent Gury

Il est étonnant de voir que les gens passent plus de temps à préparer leurs prochaines vacances que leur avenir.

Patricia Fripp

Si j'étais médecin, je prescrirais des vacances à tous les patients qui considèrent que leur travail est important.

Bertrand Russell

On n'a jamais autant besoin de vacances que lorsqu'on en revient.

Ann Landers

Si on passait l'année entière en vacances, s'amuser serait aussi épuisant que travailler.

William Shakespeare

Les vacances datent de la plus haute Antiquité. Elles se composent régulièrement de pluies fines entrecoupées d'orages plus importants.

Alexandre Vialatte

Rien de tel que des vacances ratées pour vous réconcilier avec une vie de labeur.

Arnold Bennett

Nos voisins

Celui qui a un bon voisin vendra sa maison plus cher.

PROVERBE TCHÈQUE

Aimez votre voisin, mais ne supprimez pas votre clôture.

PROVERBE CHINOIS

Un mois avant le mariage, il parle, elle écoute. Un mois après le mariage, elle parle, il écoute. Dix ans après le mariage, ils parlent et les voisins écoutent.

PIERRE VÉRON

Fais ce que ton voisin fait, ou déplace l'entrée de ta maison.

PROVERBE KABYLE

Entourez plutôt votre maison de pierres que de voisins.

PROVERBE ARABE

Les pommes du voisin sont les meilleures.

PROVERBE YIDDISH

Fais du bien, ton voisin ne le découvrira jamais. Fais du mal, on le saura à cent lieues.

PROVERBE ARABE

La récolte du voisin est toujours plus abondante.

PROVERBE LATIN

Que Dieu nous garde du mauvais voisin et du violoniste débutant.

PROVERBE ITALIEN

Pourquoi sommes-nous au monde, sinon pour amuser nos voisins et rire d'eux à notre tour?

JANE AUSTEN

Il est plus facile d'aimer l'humanité en général que d'aimer son voisin.

ERIC HOFFER

Rien ne vous rend plus tolérant au bruit d'une soirée chez vos voisins que d'y être invité.

FRANKLIN P. JONES

Voisin. Personne qu'on nous demande d'aimer comme nous-mêmes, et qui fait tout ce qu'il peut pour nous faire désobéir.

AMBROSE BIERCE

Divorce

Je viens de faire le premier pas dans la voie du divorce. C'est-à-dire que je viens de me fiancer...

PIERRE DORIS

Le divorce est si naturel que, dans plusieurs maisons, il couche toutes les nuits entre les deux époux.

CHAMFORT

Je dois avouer que lors de mon divorce, les torts étaient partagés : 50 % à ma femme et 50 % à sa mère.

FRANÇOIS OLLÉRY

Se marier à un homme divorcé montre que vous êtes «écologiquement» responsable. Dans un monde où il y a plus de femmes que d'hommes, il faut participer au recyclage.

RITA RUDNER

Rien ne contribue plus à l'attachement mutuel que la faculté du divorce : un mari et une femme sont portés à soutenir patiemment les peines domestiques, sachant qu'ils sont maîtres de les faire finir.

MONTESQUIEU

Le divorce est un moyen légal pour une femme de rester honnête sans passer sa vie avec le même homme.

JULES RENARD

La séparation et le divorce sont des poignards à deux tranchants : il faut s'en blesser d'un côté pour les enfoncer de l'autre.

PROVERBE CHINOIS

Une femme qui vote une loi en faveur du divorce est semblable à une dinde qui voterait pour Noël.

ALICE GLYNN

Si toutes les femmes étaient soumises à leur mari comme au Seigneur, et se dévouaient à leur famille, nous n'entendrions parler ni de divorce, ni de séparation de corps.

PAUL ANTONINI

Un motif de divorce ? Je suis marié.

ÉMILE POLLAK

Les femmes se divisent en deux catégories : les célibataires, qui ne rêvent que de mariage ; les mariées, qui ne rêvent que de divorce.

GEORGES ELGOZY

L'important dans le divorce, c'est ce qui le suit.

HERVÉ BAZIN

Est-ce qu'on divorce parce qu'on connaît enfin l'autre ?

MICHÈLE MAILHOT

Si tous les gens qui s'aiment se mariaient, ça ferait du beau! Tous ces divorces en perspective. Et toute une morale à refaire. L'Église n'y tiendrait plus.

ADRIEN THERIO

Le divorce est la soupape de sûreté de la chaudière conjugale.

ADRIEN DECOURCELLE

L'amour est un œuf frais.
Le mariage est un œuf dur.
Et le divorce un œuf brouillé.

PÈRE D'OLIBAN

Un drame, le divorce? Allons donc!... Pour bien divorcer, aujourd'hui, c'est facile : il suffit de s'adorer !

FRANÇOISE CHANDERNAGOR

Avant de divorcer, examine bien si ton divorce laissera ta richesse intacte. S'il doit la réduire, abstiens-toi. Mieux vaut être cocu que pauvre.

René Lobstein

Le divorce est le sacrement de l'adultère.

Jean-François Guichard

Le plus grand malheur de l'homme, c'est un mariage heureux. Aucun espoir de divorce.

Milan Kundera

De nos jours, le divorce est une cérémonie aussi respectée que la cérémonie du mariage.

Armand Salacrou

Le divorce n'est pas un honneur pour la femme.

Euripide

Ah! On parle des liens du mariage! Mais les liens du divorce sont encore plus indissolubles!

ALFRED CAPUS

La bigamie présente le double avantage de vous éviter les démarches fastidieuses du divorce et le coût élevé de la pension alimentaire.

OLIVIER HERFORD

Le mariage est la cause principale de divorce.

OSCAR WILDE

On se marie par manque de jugement. On divorce par manque de patience. Et on se remarie par manque de mémoire.

ANDRÉ ROUSSIN

Beaucoup de divorces sont nés d'un malentendu. Beaucoup de mariages aussi.

TRISTAN BERNARD

Si le sommeil ne séparait pas les couples, il y aurait deux fois plus de divorces.

PHILIPPE BOUVARD

C'est quand on commence à payer des pensions alimentaires qu'on se rend compte à quel point un mois ça passe vite !

JEAN YANNE

Travail

La question n'est pas de travailler, c'est de faire croire aux autres qu'on travaille.

TRISTAN BERNARD

Il n'y a point de travail honteux.

SOCRATE

À pratiquer plusieurs métiers, on ne réussit dans aucun.

PLATON

J'ai tellement besoin de temps pour ne rien faire qu'il ne m'en reste plus assez pour travailler.

PIERRE REVERDY

Pour atteindre la vérité, il faut perdre du temps et cesser de travailler.

MONTSERRAT FIGUERAS

✂

Tous les jours, je consulte la liste des Américains les plus riches. Si je n'y suis pas, je vais travailler.

ROBERT ORBEN

✂

Être normal, c'est aimer et travailler.

SIGMUND FREUD

✂

La réussite pour moi, c'est de ne pas travailler.

NICOLAS REY

C'est dur de faire un film, mais travailler pour de bon, c'est pire !

WOODY ALLEN

Choisissez un travail que vous aimez et vous n'aurez pas à travailler un seul jour de votre vie.

CONFUCIUS

Je n'ai jamais dans ma vie fait autre chose que travailler pour me rendre malade quand je jouissais de ma santé, et travailler pour regagner ma santé quand je l'avais perdue.

GIOVANNI CASANOVA

Si vous ne voulez pas travailler, il vous faudra travailler pour gagner l'argent qui vous permettra de ne pas travailler.

OGDEN NASH

C'est un mauvais travail que celui qu'on fait pour n'avoir plus à travailler.

JULES RENARD

Certains hommes se croient d'une nature trop active pour s'astreindre à un travail quelconque.

ALFRED CAPUS

Travailler quand on n'a pas de génie, c'est comme si on chantait.

JULES RENARD

On ne devrait travailler que le soir quand on a pour soi l'excitation de toute la journée.

JULES RENARD

Je n'aime pas travailler la veille d'un jour de congé.

JOSÉ ARTUR

Il est beau de ne pratiquer aucun métier, car un homme libre ne doit pas vivre pour servir autrui.

ARISTOTE

Pourquoi essayer de faire semblant d'avoir l'air de travailler ? C'est de la fatigue inutile !

PIERRE DAC

Travailler pour gagner sa vie, O.K. Mais pourquoi faut-il que cette vie qu'on gagne, il faille la gaspiller à travailler pour gagner sa vie ?

QUINO

L'art de réussir consiste à savoir faire travailler les autres.

ALICE PARIZEAU

Si on payait mieux les bénévoles, ça donnerait peut-être envie à plus de gens de travailler gratuitement.

PHILIPPE GELUCK

Le ciel a accordé de quoi vivre à tout le monde ; mais à condition de travailler pour l'avoir.

PROVERBE ORIENTAL

À travailler on s'ennuie moins qu'à s'amuser.

FRANÇOISE GIROUD

Être placé au-dessus des autres n'est qu'une obligation plus étroite de travailler pour les autres et de les servir.

LOUIS BOURDALOUE

Travailler de bon gré est pire que l'esclavage.

PROVERBE CORSE

Il ne manque à l'oisiveté du sage qu'un meilleur nom, et que méditer, parler, lire et être tranquille s'appelât travailler.

JEAN DE LA BRUYÈRE

À quoi sert l'argent s'il faut travailler pour en avoir?

GEORGE BERNARD SHAW

La vie est un labeur et il est heureux qu'il en soit ainsi. Travailler, créer avec amour, voilà qui est réaliser une partie du vieux rêve de l'humanité.

ANDRÉ PRONOVOST

La meilleure façon de surmonter le chagrin, de désamorcer le drame, de dominer ses propres peines et faiblesses du corps, c'est de travailler et d'étudier.

ALICE PARIZEAU

La meilleur façon de se reposer pour un feignant, c'est de travailler...

PIERRE DAC

Travailler, comme vivre, comme aimer, n'est-ce pas avant tout apprendre à s'ouvrir aux autres...

MICHEL CHEVRIER

Il faut travailler en ce monde, il faut combattre. On aura bien le temps de se reposer toute l'éternité.

LE CURÉ D'ARS

Le singe est beaucoup plus intelligent que l'homme : il n'a jamais voulu parler pour ne pas être obligé de travailler.

ROBERT DE BEAUVOIR

Le monde est plein de gens de bonne volonté, certains veulent travailler et les autres veulent les laisser faire.

ROBERT FROST

Dans les conférences de cadres, il ne s'agit plus de travailler, mais de parler sur le travail.

RENÉ DE OBALDIA

Pour faire la paix avec un ennemi, on doit travailler avec cet ennemi, et cet ennemi devient votre associé.

NELSON MANDELA

Il n'y a rien de plus beau que le travail de l'homme marié à la générosité de la terre.

JACQUES FERRON

Travailler n'a jamais tué personne... Pourquoi prendre le risque !

EDGAR BERGEN

Si de beaucoup travailler on devenait riche, les ânes auraient le bât doré.

PROVERBE FRANÇAIS

Pour se soustraire à la fatigue de penser, beaucoup sont même disposés à travailler.

ALESSANDRO MORANDOTTI

J'ai trop d'énergie pour travailler.

MARCEL ACHARD

Travailler dans la joie délivre de la servitude.

REINE MALOUIN

Il faut parfois avoir le courage de ne pas travailler, mais ce luxe n'est pas un devoir pour tout le monde.

MARCEL JOUHANDEAU

Personne n'aime travailler. Si les gens aimaient ça, ils travailleraient pour rien.

SCOTT ADAMS

Nous faisons vivre des millions de travailleurs. Il vaudrait mieux faire travailler des milliers de viveurs.

ALFRED CAPUS

Gagner de l'argent est un art, travailler est un art et faire de bonnes affaires est le plus bel art qui soit.

ANDY WARHOL

Il y a trois périodes dans la vie d'un homme : celle où il travaille pour les autres, celle où il travaille pour lui et celle où il fait travailler les autres.

JEAN ANOUILH

La vie n'est pas le travail : travailler sans cesse rend fou.

CHARLES DE GAULLE

Il ne fait pas bon travailler quand la cigale chante.

PROVERBE PROVENÇAL

Il faut avoir une haute idée, non pas de ce qu'on fait, mais de ce qu'on pourra faire un jour ; sans quoi ce n'est pas la peine de travailler.

EDGAR DEGAS

On n'a plus de mal à ne rien faire qu'à travailler.

QUINTUS ENNIUS

Il vaut mieux travailler à l'étranger que mourir chez soi.

PROVERBE YIDDISH

Faire l'amour avec une femme qui ne vous plaît pas, c'est aussi triste que de travailler.

JEAN ANOUILH

La seule raison de jouer sérieusement c'est de travailler sérieusement, et non l'inverse comme le croient la plupart des gens.

ANDY WARHOL

Ce qui importe, c'est de travailler avec quelques rares bons amis, des gens que vous respectez, dont vous savez que, si les choses tournaient mal, vous vous serreriez les coudes.

RICHARD BRANSON

Se réunir est un début ; rester ensemble est un progrès ; travailler ensemble est la réussite.

HENRY FORD

Si l'on veut gagner sa vie, il suffit de travailler. Si l'on veut devenir riche, il faut trouver autre chose.

ALPHONSE KARR

La seule manière de gagner de l'argent est de travailler d'une manière désintéressée.

Charles Baudelaire

Cela a été ainsi - et le sera encore : sous le soleil le plus grand nombre doit toujours travailler pour quelques-uns.

Lord Byron

Les bons travailleurs ont toujours le sentiment qu'ils pourraient travailler davantage.

André Gide

Travailler sans en avoir envie, ça n'est pas un travail qu'on fait, c'est une besogne. Et c'est à ces moments-là qu'on se rend compte à quel point l'on a peu de mérite à faire les choses qui vous plaisent.

Sacha Guitry

Rien de plus simple que de vieillir jeune. Il suffit de travailler dans la joie.

COMTE DE CHAMBORD

En napolitain, le mot « travailler » n'existe pas. On dit « fatigare ».

ROBERTO ROSSELLINI

Il n'y a pas de bonheur pour nous. Nous ne devons que travailler : quant au bonheur, il appartient à notre lointaine progéniture.

ANTON TCHEKHOV

La vie est trop courte pour travailler triste.

JACQUES SÉGUÉLA

Il est dur de travailler pour un maître âpre, mais il est plus dur encore de n'avoir point de maître pour qui l'on travaille.

OSCAR WILDE

Je n'aime pas travailler, mais j'admets que les autres travaillent.

ARTHUR ADAMOV

Sans un travail énorme et toujours obstiné, l'existence aux mortels n'a jamais rien donné.

HORACE

Tout travail, la comédie incluse, devient ennuyeux à un moment donné et même les meilleurs salaires ne peuvent pallier à ça.

DENZEL WASHINGTON

La nuit est destinée au sommeil, le jour au repos et l'âne au travail.

PROVERBE AFGHAN

Allez comprendre : le travail anoblit l'homme, mais le rend esclave !

PIERRE DORIS

Lorsqu'un homme s'installe avec un travail dans un coin, il abandonne autant de vie qu'il acquiert de connaissance.

WILLIAM BUTLER YEATS

Leur goût du travail, c'est de ne pas pouvoir « rester à rien faire ».

JULES RENARD

Le travail, comme le génie, est un don.

CATULLE MENDÈS

Le travail, c'est ce qu'on ne peut pas s'arrêter de faire quand on a envie de s'arrêter de le faire.

BORIS VIAN

La meilleure médecine de l'homme, c'est le travail.

GÉRARD DELAGE

J'ai une maîtrise de philosophie. Je peux donc facilement comprendre pourquoi je ne trouve pas de travail !

BRUCE LEE

Le travail humain ! c'est l'explosion qui éclaire mon abîme de temps en temps.

ARTHUR RIMBAUD

Il faut tout dire : le travail donne une satisfaction un peu béate. Il y a dans la paresse un état d'inquiétude qui n'est pas vulgaire, et auquel l'esprit doit peut-être ses plus fines trouvailles.

JULES RENARD

C'est un mauvais travail que celui qu'on fait pour n'avoir plus à travailler.

JULES RENARD

Un amateur est une personne qui trouve un travail pour pouvoir peindre. Un professionnel est une personne dont la femme travaille pour qu'il puisse peindre.

BEN SHAHN

Quand la paresse rend malheureux, elle a la même valeur que le travail.

JULES RENARD

Le succès, c'est 50 % de talent, 50 % de chance, 50 % de travail et une bonne idée !

CLAUDE ZIDI

Rien ne tue plus sûrement la pensée, la créativité, le rêve, la lucidité ou le délire que le travail intensif, l'efficience, l'amour frénétique du gain, la course au profit et aux boulots profitables.

JACQUES STERNBERG

Le travail le plus dur, ce n'est encore rien auprès de la mort.

HERMANN HESSE

Si vous avez un travail où il n'y a pas de complications, vous n'avez pas de travail.

MALCOLM FORBES

On finit toujours par s'ennuyer quelque peu en villégiature. En une de ces heures où la paresse ne suffit plus et finit par peser sur l'esprit autant qu'un lourd travail.

ALFRED CAPUS

Réprouver les capitalistes comme inutiles à la société, c'est s'emporter follement contre les instruments mêmes du travail.

MIRABEAU

Au travail, le plus difficile, c'est d'allumer la petite lampe du cerveau. Après, ça brûle tout seul.

JULES RENARD

Notre âme est une bête féroce ; toujours affamée, il faut la gorger jusqu'à la gueule pour qu'elle ne se jette pas sur nous. Rien n'apaise plus qu'un long travail.

GUSTAVE FLAUBERT

La peur de la mort fait aimer le travail, qui est toute la vie.

JULES RENARD

Le travail des femmes n'est pas un cadeau pour les femmes, c'est un cadeau pour la société.

COLINE SERREAU

Relie par des rêves bien dirigés le travail du soir au travail du matin.

JULES RENARD

Le travail pense, la paresse songe.

JULES RENARD

Un des aspects fondamentaux de la conscience du travail fut la conscience et le désir de ce qui est son contraire, à savoir le loisir.

JACQUES LE GOFF

La peur de l'ennui est la seule excuse du travail.

JULES RENARD

Si la pauvreté fait gémir l'homme, il bâille dans l'opulence. Quand la fortune nous exempte du travail, la nature nous accable du temps.

ANTOINE DE RIVAROL

Le travail d'une femme vaut mieux que les discours de cent hommes.

PROVERBE TADJIK

L'homme ne vit pas du nom, mais du travail.

PROVERBE TCHOUDE

Les deux piliers de la domination masculine résident dans le contrôle social de la fécondité des femmes et dans la division du travail entre les deux sexes.

FRANÇOISE HÉRITIER

Le travail du dimanche n'enrichit pas.

PROVERBE ITALIEN

Ose être honnête et ne crains pas le travail.

ROBERT BURNS

Le travail est indispensable au bonheur de l'homme ; il l'élève, il le console ; et peu importe la nature du travail, pourvu qu'il profite à quelqu'un : faire ce qu'on peut, c'est faire ce qu'on doit.

ALEXANDRE DUMAS, (FILS)

Quand on a du succès, c'est toujours pour les mauvaises raisons. Quand on devient populaire, c'est toujours dû au pire aspect du travail effectué.

ERNEST HEMINGWAY

Le malin vit de l'imbécile, et l'imbécile de son travail.

PROVERBE D'AMÉRIQUE LATINE

On ne peut rien obtenir de bien sans travail.

PHILIPPE DJIAN

Tous les gens sortent dans les rues pour réclamer du travail, alors que c'est de l'argent qu'ils veulent.

FRÉDÉRIC DEVILLE

La vie fleurit par le travail.

ARTHUR RIMBAUD

C'est l'homme tout entier qui est conditionné au comportement productif par l'organisation du travail, et hors de l'usine il garde la même peau et la même tête. Dépersonnalisé au travail, il demeurera dépersonnalisé chez lui.

CHRISTOPHE DEJOURS

La culture est ce qui fait d'une journée de travail une journée de vie.

GEORGES DUHAMEL

La plus grande récompense qu'un homme obtienne pour son labeur n'est pas ce qu'il en a retiré, mais en quoi cela l'a transformé.

JOHN RUSKIN

Je trouve qu'un travail, ça doit rester purement alimentaire, sinon c'est l'invasion.

PHILIPPE JAENADA

Vous désirez être savant sans travail. C'est une de mille espèces de folies qu'il y a au monde.

PROVERBE ORIENTAL

Si le travail c'est l'opium du peuple, alors je ne veux pas finir drogué...

BORIS VIAN

Lorsque vous travaillez pour les autres, faites-le avec autant d'ardeur que si c'était pour vous-même.

CONFUCIUS

L'homme est fait pour un instant de labeur et pour une éternelle paresse.

MARCEL JOUHANDEAU

Les opportunités sont souvent cachées derrière un dur labeur. C'est pourquoi peu de gens les reconnaissent.

ANN LANDERS

Le travail précède toute récompense. Il faut planter avant de moissonner, semer dans la tristesse avant de récolter dans la joie.

RALPH RANSOM

Ne vous souciez pas d'être sans emploi ; souciez-vous plutôt d'être digne d'un emploi.

CONFUCIUS

Travailler travailler ! Comme si j'avais le temps

GEORGES PERROS

Au bureau

Le vrai patron est quelqu'un qui se mêle passionnément de votre travail, qui le fait avec vous, par vous.

JULES ROMAINS

Dans le passé, un homme devait céder sa place dans le bus à une dame. Aujourd'hui, ce qu'elles attendent, c'est qu'il leur laisse sa place dans son boulot.

P. J. O'ROURKE

Je parle en dormant. Au bureau, c'est gênant!

PIERRE DORIS

Je n'ai jamais pu faire de yoga. Chaque fois qu'on me dit:
«Assied-toi et ne pense à rien», ça me rappelle trop le bureau.

FRED CRISTALLINI

Le patron constitue le plus gros obstacle à l'oisiveté au bureau.

SCOTT ADAMS

Dans l'administration, on ne doit pas dormir au bureau le matin, sinon on ne sait plus quoi faire l'après-midi.

COLUCHE

Le cerveau est un organe merveilleux qui se met en marche au moment où vous vous réveillez et s'arrête au moment précis où vous arrivez au bureau.

ROBERT FROST

La vitesse du patron est celle de l'équipe.

LEE LACOCCA

Les ordinateurs de bureau présentent d'intéres-santes possibilités de communication pro-fessionnelle. Vous pouvez coller des «Post-it» au bord de l'écran !

DAVE BARRY

Le chef, c'est celui qui peut prendre la der-nière goutte de café sans avoir à en refaire.

SCOTT ADAMS

On considère le chef d'entreprise comme un homme à abattre, ou une vache à traire. Peu voient en lui le cheval qui tire le char.

WINSTON CHURCHILL

Argent

L'argent ne fait pas le bonheur. C'est même à se demander pourquoi les riches y tiennent tant.

GEORGES FEYDEAU

Il n'y a pas que l'argent dans la vie, il y a aussi les fourrures et les bijoux.

ELISABETH TAYLOR

Les hommes accordent tout de suite leur confiance, mais jamais leur argent.

TRISTAN BERNARD

Pour gagner de l'argent, il faut un don, mais pour le dépenser, il faut une culture.

ALBERTO MORAVIA

L'argent ne fait pas le bonheur. Celui qui a dix millions de dollars n'est pas plus heureux que celui qui en a neuf millions.

HOBART BROWN

Si l'argent ne fait pas le bonheur, rendez-le.

JULES RENARD

L'argent, ce n'est pas tout! Souvent, ce n'est même pas assez.

JEAN-LOUP CHIFLET

L'argent seul est le but qui dirige les hommes: c'est par lui qu'on peut tout dans le siècle où nous sommes.

ALEXANDRE DUVAL

Être riche, c'est ne pas penser à l'argent.

CLAUDE RICH

Quand j'étais jeune, je pensais que l'argent et le pouvoir apportaient le bonheur... J'avais raison.

GRAHAM WILSON

J'aime moins l'argent que vous puisque j'en dépense plus.

BORIS VIAN

En règle générale, personne n'a l'argent qu'il mérite.

BENJAMIN DISRAELI

Faites de l'argent votre Dieu et il vous damnera comme le diable.

HENRY FIELDING

On maudit l'argent mal acquis ; on respecte l'argent bien gagné.

AYN RAND

La plus haute finalité de la richesse n'est pas de faire de l'argent, mais de faire que l'argent améliore la vie.

HENRY FORD

Faites de l'argent et le monde entier s'accordera pour vous appeler Monsieur.

MARK TWAIN

L'argent est la carte de crédit du pauvre.

MARSHALL MC LUHAN

L'argent, c'est comme de l'engrais. Il faut le répandre partout, sinon il pue.

JEAN-PAUL GETTY

Pourquoi l'argent ne fait pas le bonheur ? Parce qu'il n'achète pas l'amour !

FABRICE BENSOUSSAN

Des qualités trop supérieures rendent souvent un homme moins propre à la société. On ne va pas au marché avec des lingots ; on y va avec de l'argent ou de la petite monnaie.

CHAMFORT

L'argent est en tous points comme le sexe. On n'arrête pas d'y penser quand on en manque et on pense à autre chose quand on en a.

JAMES BALDWIN

L'argent emprunté porte tristesse.

PROVERBE FRANÇAIS

Travaille comme si tu n'avais pas besoin d'argent. Aime comme si tu n'avais jamais souffert. Danse comme si personne ne te regardait.

SATCHEL PAIGE

L'argent est la religion du sage.

EURIPIDE

On s'explique mal que nombre de gens aiment mieux prêter de l'argent, au risque de le perdre, que rembourser celui qu'ils doivent.

GEORGES COURTELINE

Mieux vaut ne pas avoir d'argent que de ne pas avoir d'âme.

PROVERBE ARMÉNIEN

Il faut prendre l'argent là où il se trouve, c'est-à-dire chez les pauvres. Bon d'accord, ils n'ont pas beaucoup d'argent, mais il y a beaucoup de pauvres.

ALPHONSE ALLAIS

L'argent ne fait pas le bonheur, et c'est absolument vrai, mais, c'est une chose bougrement agréable à posséder dans un foyer.

GROUCHO MARX

On ne doit pas avoir plus d'argent que son imagination ne permet d'en dépenser.

CLAUDE CHABROL

Fortune hâtive va diminuant ; qui amasse peu à peu s'enrichit.

LA BIBLE

Le dédain de l'argent est fréquent, surtout chez ceux qui n'en ont pas.

GEORGES COURTELINE

Argent : cause de tout le mal.

GUSTAVE FLAUBERT

Si plaie d'argent n'est pas mortelle, elle ne se ferme jamais.

JULES RENARD

On a autant de peine et de mérite à se passer d'argent qu'à en gagner.

JULES RENARD

Si vous voulez savoir le prix de l'argent, essayez d'en emprunter...

PROVERBE FRANÇAIS

En amitié, quand on s'est confié ses secrets d'argent, ça tourne mal.

JULES RENARD

Un bon patron préfère perdre de l'argent, que donner de l'argent.

GEORGES WOLINSKI

Si, au lieu de gagner beaucoup d'argent pour vivre, nous tâchions de vivre avec peu d'argent?

JULES RENARD

Le métier des lettres est tout de même le seul où l'on puisse sans ridicule ne pas gagner d'argent.

JULES RENARD

L'argent ne reste pas dans la main de la personne qui sue.

PROVERBE MARTINIQUAIS

La morale, avec de l'argent, ça se change.

ROLAND TOPOR

Pour manger. Pour survivre. Pour être libre. C'est ça, l'argent ! Tout ce qui compte dans ce monde sans justice.

XAVIER DORISON

Les sorcières ont besoin de notre sang et les politiciens de notre argent.

LESLY DAGUERRE

Argent entre les mains d'une femme ne durera pas ; enfant entre les mains d'un homme ne vivra pas.

PROVERBE INDIEN

L'argent est préférable à la pauvreté, ne serait-ce que pour des raisons financières.

WOODY ALLEN

Le talent, c'est comme l'argent : il n'est pas nécessaire d'en avoir pour en parler.

JULES RENARD

La belle époque, c'est maintenant ; une époque où la moindre des choses vaut beaucoup d'argent et où beaucoup d'argent ne vaut pas grand-chose.

PIERRE DAC

Du riche prospère et opulent.
Chacun est cousin et parent.

PROVERBE FRANÇAIS

Argent emprunté s'en va en riant et revient en pleurant.

PROVERBE TURC

J'en ai assez d'être aimé pour moi-même, j'aimerais être aimé pour mon argent.

CLAUDE CHABROL

Mépriser l'argent, c'est détrôner un roi.

CHAMFORT

L'argent, si concret quand on en manque ou quand on en a peu, devient léger, quasiment gazeux, aussitôt qu'il se trouve rassemblé en grande quantité.

ROLAND TOPOR

L'argent, c'est de l'éther.

PROVERBE MARTINIQUAIS

Je sais enfin ce qui distingue l'homme de la bête : ce sont les ennuis d'argent !

JULES RENARD

Le sang du pauvre, c'est l'argent.

LÉON BLOY

Richesse
et pauvreté

Sous un bon gouvernement, la pauvreté est une honte ; sous un mauvais gouvernement, la richesse est aussi une honte.

Confucius

La mendicité n'est interdite qu'aux pauvres.

Anatole France

La prospérité est un état qui ne connaît pas le repos.

Sénèque

Êtes-vous pauvre ?
Signalez-vous par des vertus.
Êtes-vous riche ?
Signalez-vous par des bienfaits.

Joseph Joubert

On est riche surtout de l'or qu'on a donné.

Émile Deschamps

Plaignons les riches. S'ils gardent leur argent,
ils passent pour des avares. S'ils le dépensent
pour leur seul plaisir : des égoïstes. S'ils le donnent aux pauvres : des imbéciles.

ANDRÉ PRÉVOT

Le savant se cherche, et le riche s'évite.

ANTOINE DE RIVAROL

Quand on fait un cadeau à plus riche que soi,
le diable s'en moque.

PROVERBE SAVOYARD

Il n'y a que les riches qui héritent d'un million.

JULES RENARD

La charité du pauvre, c'est de vouloir du bien
au riche.

ANATOLE FRANCE

Le pauvre sans désir possède le plus grand des trésors ; il se possède lui-même. Le riche qui convoite n'est qu'un esclave misérable.

ANATOLE FRANCE

La tâche auguste du juste est d'assurer à chacun ce qui lui revient, au riche sa richesse et au pauvre sa pauvreté.

ANATOLE FRANCE

Il faut plaindre les riches : leurs biens les environnent et ne les pénètrent pas.

ANATOLE FRANCE

Il y a des vertus qu'on ne peut exercer que quand on est riche.

ANTOINE DE RIVAROL

Les modes rendent les riches pauvres.

PROVERBE FRANÇAIS

Pour être beau chaque jour, on est ou très pauvre ou très riche.

PROVERBE FRANÇAIS

Donner aux riches, c'est porter l'eau à la mer.

PROVERBE TURC

Quand les riches se font la guerre, ce sont les pauvres qui meurent.

JEAN-PAUL SARTRE

Quand un riche tombe par terre, on dit que c'est un accident ; quand c'est un pauvre, on dit qu'il est ivrogne.

PROVERBE TURC

On se lasse d'être un héros et on ne se lasse pas d'être riche.

BERNARD FONTENELLE

Chez le riche, les choses se font selon ses ordres ; chez le pauvre, selon ses forces.

PROVERBE KIRGHIZ

Le riche songe à l'année future, le pauvre au jour présent.

PROVERBE CHINOIS

Pour les flatteurs, il n'est ni riche sot ni pauvre sage.

PROVERBE ESPAGNOL

Ne dois pas au riche, ne prête pas au pauvre.

PROVERBE PORTUGAIS

C'est le riche qui commet la faute et c'est le pauvre qui demande pardon.

PROVERBE ROUMAIN

Sottise que de vivre pauvre pour mourir riche !

Proverbe anglais

Le riche exagère encore plus sa bonne volonté que le pauvre sa misère.

Proverbe chinois

Nous voyons par expérience que le riche, à qui tout abonde, n'est pas moins impatient dans ses pertes que le pauvre, à qui tout manque.

Bossuet

Être riche, ce n'est pas honnête.

Daniel Vranckx

L'économie donne aux pauvres tout ce que la prodigalité ôte aux riches.

Proverbe chinois

Deux plaideurs font un seul riche : le troisième.

PROVERBE CHINOIS

∞

Les riches croient que les pauvres le font exprès.

JEAN-PIERRE MILOVANOFF

∞

Les gens riches ont des héritiers, pas des enfants.

PROVERBE JUIF

∞

Les riches héritent, les pauvres n'ont pas de parents.

BALTASAR GRACIAN Y MORALES

∞

La savoir est la parure du riche et la richesse du pauvre.

HAZRAT ALI

∞

Richesse et avarice sont les racines du mal.

HAZRAT ALI

Il ne faut pas appeler richesses les choses que l'on peut perdre.

LÉONARD DE VINCI

La richesse mal acquise s'évanouit.

LA BIBLE

La richesse donne de la beauté aux laids, des pieds aux boiteux, des yeux aux aveugles, de l'intérêt aux larmes.

PROVERBE RUSSE

Le savoir est une couronne sur la tête, tandis que la richesse n'est qu'un joug sur le cou.

PROVERBE PERSAN

Suffisance fait richesse
Et convoitise fait pauvresse.

PROVERBE FRANÇAIS

La possession des richesses a des filets invisibles où le cœur se prend insensiblement.

BOSSUET

L'inégalité des conditions entraîne l'inégalité des richesses, mais l'inégalité des richesses n'amène pas l'inégalité des besoins.

ANTHELME BRILLAT-SAVARIN

La véritable richesse consiste à se satisfaire de peu.

FRA ANGELICO

La richesse est pareille à l'eau de mer : plus on en boit, plus on a soif.

ARTHUR SCHOPENHAUER

Quel fléau que la richesse unie à l'ignorance !

EURIPIDE

La richesse, c'est comme le bonheur : ça doit se gagner. Autrement, on regrette qu'elle nous enlève ce qu'on ne lui a pas disputé.

PAUL MICHAUD

La vraie richesse d'un homme en ce monde se mesure au bien qu'il a fait autour de lui.

MAHOMET

La richesse qui rentre vaut mieux que celle que le devin a annoncée.

PROVERBE RUNDI

La fortune fait paraître nos vertus et nos vices comme la lumière fait paraître les objets.

LA ROCHEFOUCAULD

Mieux vaut devenir riche après avoir été pauvre, que de devenir pauvre après avoir été riche.

PROVERBE CHINOIS

Rien ne manque aux funerailles des riches, que des gens qui les regrettent.

PROVERBE CHINOIS

On ne prête qu'aux riches... et on a bien raison : les pauvres ne remboursent que difficilement.

TRISTAN BERNARD

Les seules personnes qui pensent plus à l'argent que les riches, ce sont les pauvres.

OSCAR WILDE

Le cri du pauvre monte jusqu'à Dieu mais il n'arrive pas à l'oreille de l'homme.

FÉLICITÉ DE LA MENNAIS

Tout ce que vous employez au-delà des besoins et des bienséances de votre état est une inhumanité et un vol que vous faites aux pauvres.

JEAN-BAPTISTE MASSILLON

Il est plus difficile de se défendre de l'amertume dans la pauvreté que de l'orgueil dans
l'opulence.

CONFUCIUS